# Tatjana Kruse
# Bei Zugabe Mord!

## Eine Diva ermittelt im Salzburger Festspielhaus

Tatjana Kruse
**Bei Zugabe Mord!**

*„Oh, wie will ich triumphieren,*
*wenn sie euch zum Richtplatz führen,*
*und die Hälse schnüren zu, schnüren zu,*
*und die Hälse schnüren zu!"*
Die Entführung aus dem Serail

*Die Salzburger Sommerfestspiele präsentieren:*

# Die Entführung aus dem Serail
(Köchelverzeichnis 384)

Ein Singspiel in drei Aufzügen
von Wolfgang Amadeus Mozart (Komponist)
und Johann Gottlieb Stephanie d. J. (Libretto)

Besetzung:
Konstanze (Koloratursopran) ... Pauline Miller (US/D)
Belmonte (lyrischer Tenor) ... James O'Shay (IR)
Blondchen (Sopran) ... Branwen Lloyd (GB)
Pedrillo (Tenor) ... Mads Staun (DK)
Bassa Selim (Sprechrolle) ... Wolfgang Strasser (D)
Osmin (Buffo-Bass) ... Harry Cho (KR)
Janitscharenchor

Neuinszenierung von Luigi Pescarelli (I)
Musikalische Leitung: Marianne Loiblsberger (A)
Wiener Philharmoniker

Bühne und Kostüme: Gisbert Weiß (A)

## Ouvertüre

Eine Schokoholikerin, ein Kastrat und ein Osterhase stellen sich beim *Zirkelwirt* am Papagenoplatz an die Bar.

Es ist kurz nach 21 Uhr an einem herrlichen Sommerabend. Draußen sind alle Tische besetzt, aber hier im Schankraum ist es – bis auf eine kleine Touristengruppe an einem der Fensterplätze – leer.

„Das Übliche?", fragt der Barkeeper die Neuankömmlinge.

Die drei nicken. Müde.

Etwas huscht über den Holzboden.

Das Soundsystem beschallt den Wirtsraum mit leiser Musik. Mozart. In der verpoppten Version.

Der Barkeeper stellt eine heiße Schokolade, einen Virgin Sex on the Beach und ein Glas Champagner auf die Theke.

„Eine Bitte", lispelt der Osterhase. „Ließe sich eventuell die Musik ausschalten? Wenn ich noch einen einzigen Ton Mozart höre, kriege ich einen Schreikrampf ..."

In diesem Moment gellt jemand auf.

Laut. Sehr laut. Es ist eine der Touristinnen am Fenster.

„Eine Ratte, oh Gott, ich habe eine Ratte gesehen ... da! Und jetzt ist sie tot zusammengebrochen. Großer Gott, da liegt eine tote RATTE!"

Der Osterhase seufzt.

# Erster Aufzug

*Von wegen: Jedem Anfang wohnt ein Zauber inne – mancher Anfang ist einfach nur ein Ende, das nicht enden will.*

*Wir lernen, ob sich – und wenn ja, wie – der Countertenor vom Kastraten und dieser sich wiederum vom Eunuchen unterscheidet.*

*Ist es eine Ratte, ein Boston Terrier oder – Tusch! – Superdog?*

**Singt er noch oder stirbt er schon?**

Ich bin ein Zombie.

Mein Herz ist gebrochen und verdorrt wie eine Trockenpflaume. Ich habe keinerlei Empfindungen mehr. Zumindest nicht für Männer im Allgemeinen. Und Tenöre im Besonderen.

Meine Großmutter hatte recht: Verliebe dich nie am Arbeitsplatz! Zu spät.

Und jetzt ist es vorbei. Passé. Geschichte. Schnee von gestern. Er singt an der Met in New York und ich in Salzburg.

Ja, ich bin Opernsängerin. Nicht irgendeine mezzosopranige Trällermaus, die durch Festhallen und Kirchen tingelt und Liederabende gibt. Nein, ich bin die neue *Primadonna assoluta* der Opernwelt, wenn es nach *The Opera Magazine* geht. Pauline Miller, von Pupshausen auf die größten Bühnen dieser Welt. Na ja, mit exakt diesen Worten haben sie es nicht formuliert, so empfand ich es aber. Aus kleinsten Anfängen – geboren in Arlington, Virginia, aufgewachsen in Nürnberg, wie Sandra Bullock, nur etwas später – bis hin zur gefragten Diva, die sich aussuchen kann, wo sie singen will. Sydney Opera House, Glyndebourne, Scala (*Cosa c'è?* Ihr schuldet mir immer noch mein Honorar!) und jetzt, quasi die Krönung, Salzburg.

Als Kind hat mich meine fränkische Großmutter mütterlicherseits in den Sommerferien hin und wieder mit auf einen Tagesausflug in die Stadt an der Salzach genommen, damit ich das Flair in mich aufsaugen konnte. Und später haben wir uns im Fernsehen die Aufführungen angeschaut. Damals habe ich beschlossen, Sängerin zu werden und einmal im Leben bei den

Festspielen aufzutreten. Hat geklappt. Ich bin hier. Und wäre doch lieber in New York bei ...

*Nein, denk an was anderes! Sofort!*

Ich muss mich zusammenreißen, meinen Liebeskummer im Kellergeschoss meiner Seele wegsperren. Schließlich bin ich Profi. Außerdem kneift mein Reifrock.

„Liebste Millerin, alles in Ordnung?"

Luigi Pescarelli, eine runde, stark behaarte Kugel von einem Mann, kommt auf mich zugekullert. Er inszeniert heuer *Die Entführung aus dem Serail*. Ich war seine Wunschkandidatin für die Rolle der Konstanze. Wofür ich ihm eigentlich dankbar sein müsste. Aber wenn er mich noch einmal ‚Millerin' nennt, klatsche ich ihn mit der flachen Hand ungespitzt in den Bühnenboden des Großen Festspielhauses. Was weiter nicht schwer sein sollte, weil meine Rechte – aufgrund meiner Statur – das ist, was böswillige Kolleginnen gern eine ‚Männerpranke' nennen, und Luigi trotz seiner Kugelform mit Kleidern maximal so viel wiegt wie momentan allein meine Perücke.

„Alles bestens, du Guter", säusle ich Luigi zu und zwinge mir ein falsches Lächeln auf die Lippen.

Wir haben eben die Kostümprobe hinter uns gebracht und das Ganze einmal mit Maske durchgesungen.

Proben mit Luigi kosten Nerven. Er schwört auf die Karteikartenmethode. Auf jeder Karte steht eine Regieanweisung – Konstanze kniet und schaut zum Himmel, Belmonte reckt die Arme in die Höhe und schaut zum Himmel, Pedrillo stürmt quer über die Bühne und schaut zum Himmel (mit dem Himmel hat er's offenbar). Und von einer Probe zur nächsten ändert sich immer so gut wie alles. Manch einer munkelt, dass kein Konzept hinter den Karteikarten steckt und

Luigi jeden Morgen vor der Probe einfach alle Karten durchmischt, und wie es fällt, so fällt's. Morgen kniet vielleicht Pedrillo, Belmonte stürmt und ich recke die Arme nach oben. Aber im Zweifel weiß jeder von uns: zum Himmel schauen! Das kann nie falsch sein.

Jetzt kommt noch die Motivationsrede von Luigi, der fest daran glaubt, sein Team auf den gemeinsamen Erfolg einzuschwören. Alle stehen sie noch auf ihren Markierungen für den Schlussapplaus – sogar der komplette Janitscharenchor –, nur ich habe mich außerhalb des Scheinwerferlichts an eine der zwei ionischen Bühnensäulen gelehnt, die als einzige im Säulenmeer nicht aus Pappe sind.

Kein Wunder, dass ich erschöpft bin. Mal abgesehen von meinem Liebeskummer, der mich tonnenschwer niederdrückt, trage ich ein Kostüm, das mir zwar Atemfreiheit garantiert, anders ginge es ja auch gar nicht, aber überall da, wo ich nicht atme, kneift und drückt und mich einschnürt. Noch dazu thront auf meinem Kopf eine turmhohe Marge-Simpson-Rokokoperücke – nur nicht in Blau, sondern in Weiß. Ich wage zu behaupten, dass nicht einmal olympische Gewichtheber die Perücke problemlos hätten stemmen können. Das muss an den fetten Perlenschnüren im Haar liegen – dem Gewicht nach zweifelsohne aus Granit. Das kommt alles auf meine Liste, was sich bis zur Premiere noch zu ändern hat!

Bei modernen Inszenierungen weiß man ja nie. *Die Entführung aus dem Serail* – das kann historisch korrekt oder aber als Allegorie auf die IS-Gräuel im Nahen Osten dargestellt werden. Ich hegte anfänglich so meine Bedenken.

Bühnenbild und Kostüme sind jedoch nicht so karg wie 2010 in Barcelona oder 2012 in Zürich. Unser Ausstatter Gisbert kommt vom Film und hatte definitiv den Blockbuster *Amadeus* vor Augen – eine so üppig ausgestattete Oper hat es seit der Zeit des Komponisten nicht mehr gegeben. Ein echter Derwisch wird über die Bühne wirbeln, es gibt zwei Kamele, und die Sängerinnen des Chores haben alle Bauchtanzunterricht bekommen.

Ich habe mir 2013 natürlich die Aufführung in Berlin angesehen und mir vorsorglich in den Vertrag schreiben lassen, dass es keine Nacktszenen geben darf. Diese Sorge hätte ich mir sparen können.

Ich trage einen riesigen, unbiegsamen Reifrock – weshalb ich mich trotz meiner Erschöpfung nicht auf einen Stuhl setzen kann – und darüber ein Schäferinnenkleid, auf das Blumengirlanden und sogar, ja tatsächlich, Steiff-Schafe mit Knopf im Ohr aufgenäht sind. Mäh. Jetzt wünsche ich mir fast, nichts weiter als ein sehr erotisches Haremsensemble in Gold und Pink und Rot zu tragen. Wie Barbara Eden in *Bezaubernde Jeannie*. Nur eben in Größe 48/50.

Genau, Übergröße. Ich bin kein graziler Koloratursopran, eher schon eine Walküre. Als die Natur mir die Gabe des Singens in die Wiege legte, hatte sie wohl geplant, dass ich Wagner singen sollte, Wagner und nichts als Wagner. Aber die Natur kann mich mal. Bayreuth habe ich einen Korb gegeben. Wer sagt denn bitteschön, dass Mozart, als er die *Entführung* komponierte, bei Konstanze nicht an ein prachtvolles Weib mit üppigen Rundungen dachte? Schließlich hat das Wolferl seinerzeit kurz nach der Premiere seine eigene Constanze geehelicht, und die war ja auch kein Strich in der Landschaft. Nun gut, so rubenesk wie ich war sie nicht ganz, aber trotzdem auch keine Size Zero. Eben eine richtige Frau. Und kein Kleiderbügel.

„Ihr Lieben, schart euch um mich …", ruft Luigi und breitet fast schon segnend die Arme in Richtung seiner Hauptakteure aus – zu Pascha, dessen Haremswächter, der entführten Konstanze (also mir), deren Dienerin Blondchen und natürlich zu Belmonte und Pedrillo, die heldenhaft die Mädels befreien wollen. Weil sich keiner rührt, eilt er – immer noch mit ausgebreiteten Armen – in die Bühnenmitte.

Er ruft es übrigens tatsächlich auf Deutsch, obwohl man sich in unserer internationalen Branche meistens auf Englisch oder in einem wilden Sprachmischmasch unterhält. Aber unser Haufen hier in Salzburg ist entweder Muttersprachler (die Dirigentin und so gut wie die komplette Crew) oder zweisprachig aufgewachsen (Mads und ich) oder hat jahrelange Engagements auf deutschen Bühnen hinter sich (Harry in Stuttgart, Branwen in Frankfurt, Jimmy an der Semperoper). Deutschland, das sei gesagt, ist für die Mehrheit der Opernsänger ein Sehnsuchtsland. Auf jeden Ensemblevertrag an deutschen Häusern kommen bis zu 500 Bewerbungen aus aller Welt. Wo sonst gibt es noch so viele etablierte, subventionierte Opernstätten? Und vor allem einen Repertoirebetrieb, bei dem die Sängerinnen und Sänger für eine oder mehrere Saisonen verpflichtet und nicht nach dem Stagione-Prinzip nur für eine Produktion engagiert werden?

Regisseur Luigi hat die letzten Jahre in Wien inszeniert und spricht mit dem Mund deutsch und mit den Händen italienisch. Will heißen, er gestikuliert viel. Sehr viel.

*Die Entführung aus dem Serail* ist *die* Oper für Einsteiger. Mehr so ein Musical. Mit Action-Szenen. Die ganze Handlung wird dialogisch gesprochen, und nur, wenn die Gefühle überkochen, wird gesungen.

Das sitzt man locker aus, auch wenn man gegen den eigenen Willen in die Aufführung geschleppt wurde.

Worum es geht?

In der Türkei wird Mitte des 16. Jahrhunderts die hübsche Konstanze mitsamt Zofe Blondchen und Diener Pedrillo von einem lüsternen Pascha namens Bassa Selim entführt. Konstanzes Lover, der spanische Adlige Belmonte, will sie – Ehrenmann, der er ist – natürlich befreien. Während sich der stämmige Haremswächter Osmin in die kokette Zofe verguckt, wehrt Konstanze alle Annäherungen von Lüstling Bassa Selim ab, und es muss ihm zugutegehalten werden, dass er sich ihr auch nicht aufdrängt. Er ist in Liebesdingen gewissermaßen Fruktarier und verspeist nur, was ihm freiwillig in den Schoß fällt. Da ist er ganz biologisch-dynamischer Genießer. Am Ende schenkt er Konstanze, der Zofe und den beiden am Befreiungskampf gescheiterten Jungs die Freiheit, und alle sind glücklich – alle bis auf Bodyguard Osmin, der einer freudlosen Zukunft entgegenblickt, in der er schöne Frauen bewachen muss, ohne selbst eine abzukriegen. Das Wolferl hätte den Osmin mehr so als Kevin Costner konzipieren sollen, dann wär's eventuell anders ausgegangen, und das Blondchen wär bei ihm geblieben.

„*Fantastico*, ihr Lieben, *molto grandioso*, das war schon absolut erste Sahne ...", schwärmt unser Regisseur mit dem gestenreichen Überschwang seines Herkunftslandes. „Ich hab's im Urin, wir werden Operngeschichte schreiben, *indubbiamente!*"

Und dann rasselt er – vermutlich versehentlich, weil er sich in seinem Karteikartendschungel verlaufen hat – exakt dieselbe Motivationsrede herunter wie nach der gestrigen Probe.

Bestimmt hätte einer von uns Luigis Einpeitsch-Rede abgewürgt, damit wir endlich in unsere Garderoben können, aber heute dreht ServusTV im Rahmen der dreiteiligen Doku *Die Entführung – Entstehung einer Festspiel-Oper* einen Mitschnitt der Proben, und da will natürlich keiner von uns als Buhmann dastehen. Man kann sich ja neuerdings nicht mehr darauf verlassen, dass auf Wunsch einzelne unvorteilhafte Szenen herausgeschnitten werden.

Eine Hand legt sich auf meine Schulter. Sie gehört James O'Shay, der den Belmonte gibt und sich an mich herangeschlichen hat.

„Du siehst sehr verführerisch aus, wenn du transpirierst, *darling*", flüstert er mir zu. Ich kann seinen heißen Atem an meinem Hals spüren.

James, wir nennen ihn alle Jimmy, ist Tenor und folglich ein Casanova. Ja, das ist ein Klischee, aber es hat einen Grund, warum es Stereotype gibt: Sie kommen einfach verdammt häufig vor. Jimmy – schwarze Locken, blaue Augen – gehört zu den Männern, bei denen sich die Wirkung einer doppelten Nassrasur bereits gegen Mittag verflüchtigt hat. Folglich höre ich jetzt leise Knackgeräusche, als er sich über die borstigen Bartstoppeln am Kinn streicht.

Das schweißnasse Kinn. Im Gegensatz zu mir schwitzt er jedoch nicht, weil sein Kostüm so schwer ist, sondern weil Luigi gegen Ende noch eine feurige Fechtszene in die Inszenierung eingebaut hat. Ich bin mir nicht sicher, ob Luigi die *Entführung* von Anfang an als Actionstück visualisiert hat, oder ob sich Jimmy – was ich eher vermute – die Fechtszene in den Vertrag schreiben lassen hat. Ich kenne ihn von früher: Er tut alles dafür, sich auf der Bühne das Hemd von der Brust reißen und seinen Sixpack zeigen zu können. *Zwei Seelen schlagen, ach, in seiner Brust* – seine Stimmbänder sind die eines lyrischen Tenors, aber in seinem Herzen schlummert definitiv ein Heldentenor. Okay, schiefes Bild, die Stimmbänder sitzen nicht in seiner Brust, aber Sie wissen, was ich meine. Er weiß, dass wir Frauen auf *bad boys* stehen, ergo verlangt er immer nach aufregenden Stunts auf der Bühne. In Stuttgart ist er vor zwei, drei Jahren in der *La fanciulla del west* auf einem echten Hengst auf die Bühne geritten.

„Gib dir keine Mühe mit Pauly. Sie kennt dich seit hundert Jahren und ist gegen deinen Charme immun." Branwen Lloyd spielt das Blondchen. Sie darf das luftig-dünne Haremskostüm tragen, nach dem ich mich gerade sehne. Möglicherweise weil sie aussieht wie ein Klon von Catherine Zeta-Jones zu deren besten Zeiten? Vielleicht ist sie sogar ein Klon, denn sie kommt ebenfalls aus Wales, und wer weiß, wie die Eingeborenen sich dort fortpflanzen.

Ich weiß nicht, warum sie so darauf abhebt, dass *ich* Jimmy seit hundert Jahren kenne. Wir Akteure waren damals alle zusammen an der Juilliard-School in New York – bis auf den schütterhaarigen Wolfgang, der den Pascha spricht: ja genau, eine reine Sprechrolle.

Wolfgang ist ein hiesig bekannter Schauspieler, dessen Nachnamen man mir auch gesagt hat, den ich mir aber schon deshalb unter Garantie nicht merken werde, weil Schauspieler und Opernsänger zwei Parallelwelten bewohnen und sich nur gelegentlich in Crossover-Wurmlöchern begegnen. Nein, der also nicht, nur Jimmy, Branwen, Mads, Harry und ich sind stolze Juilliard-Alumni. Fünfzehn Jahre später zu viert im gleichen Stück zu singen, grenzt an ein

Wunder. Statistisch gesehen ist das so wahrscheinlich wie ein Sechser im Lotto, nur seltener. Aber es macht uns einander nicht automatisch sympathisch. Also, speziell jetzt im Fall von Branwen und mir.

„Schätzchen, wir kennen ihn *beide* seit hundert Jahren, was ich noch weiß, du aber wohl altersbedingt vergessen hast", flöte ich, weil sie – auf den Monat genau – nur fünf Jahre jünger ist als ich, auch wenn man das ihrem faltenfreien Babypopogesicht nicht ansieht. Auf dem Plakat, mit dem die Festspiele für die *Entführung* werben, sieht sie aus wie meine Tochter. In Wirklichkeit ist überdeutlich, dass es Botoxgesichter und BOTOXgesichter gibt. Letzteres hat sie sich neulich kurz vor ihrem Geburtstag geschenkt, der gefürchteten Drei-Null. Welchen Ausdruck auch immer sie auf der Bühne darstellen will, sie muss alles in ihre Stimme legen, ihre Mimik gibt nichts mehr her. Ganz ehrlich, ich hätte sie nicht verpflichtet, und ich frage mich, warum Luigi es getan hat. Das Offensichtliche kann es nicht sein, denn Luigi ist stockschwul.

„Meine Kleinen, vertragt euch, sonst muss der Onkel durchgreifen", brummt Harry Cho, der als Bass den Haremswächter Osmin singt. Mit seinen Metzgerhänden deutet er Ohrwatschen an.

Luigi steht mittlerweile fast allein in der Bühnenmitte und richtet seine Ansprache daher hauptsächlich an den Janitscharenchor und den Regieassistenten sowie den Servus-Kameramann und den Tontechniker.

Ich versetze Harry einen freundschaftlichen Stoß in die gut gepolsterten Rippen. Er ist ein Grizzly von einem Mann und eine Seele von Mensch. Ich liebe ihn wie den Bruder, den ich nie hatte. Allerdings mehr so wie den nervigen Bruder, den man am liebsten im

Schlaf erstickt hätte, aber man weiß ja nie, wann man mal eine Niere braucht.

Harry kann sich unglaublich gut verkaufen. Warum zum Beispiel wurde *er* zum Fernseh-Interview in die *Blaue Gans* gebeten und nicht ich? Ich singe die Konstanze, er nur eine Nebenrolle. Daran, dass er angeblich einen IQ von 180 haben soll und erst neulich den amtierenden ukrainischen Schach-Weltmeister vernichtend geschlagen hat, kann es nicht liegen. Eher schon daran, dass er nicht nur mit einem silbernen Löffel im Mund zur Welt gekommen ist, sondern gleich mit einem ganzen Besteckkasten. Seiner Familie gehört Südkorea. Das ist natürlich überspitzt formuliert, trifft aber den Kern der Sache. Ich wette, er hat eine mehrköpfige, hochkarätige PR-Abteilung, nicht nur eine stundenweise angeheuerte, schusselige Referentin, die tapsig formulierte Pressemitteilungen verschickt, meist punktgenau *nach* Redaktionsschluss. Ich muss mit meiner Agentin dringend über diese Idiotin reden – sie soll die PR-Referentin feuern und durch jemand Professionelleren ersetzen, beispielsweise einen Siebtklässler.

„Und? Was geht ab?", fragt Harry – eigentlich flüsternd, aber bei einem Sprechorgan wie dem seinen liegt *leise* ganz nah am dreistelligen Dezibelbereich.

Luigi guckt böse zu uns herüber.

Nur dieser Schauspieler und Pedrillo alias Mads Staun halten noch die Stellung. Damals, vor fünfzehn Jahren an der Akademie, hätte ich Mads vernaschen sollen, nicht Jimmy. Er ist einer der ganz wenigen Tenöre mit mehr als nur einer Gehirnzelle. Und er singt nicht nur göttlich, sondern kann auch extrem gut schauspielern. Das alte Vorurteil, in der Oper würde der Tenor im letzten Akt niedergestochen, röchle daraufhin erbärmlich und schneide die Grimassen eines qualvoll Sterbenden, nur um dann noch satte zehn Minuten lang zu singen, bis er wirklich tot ist, trifft auf Mads nicht zu. Bei ihm weiß man immer, ob er noch singt oder schon stirbt. Aber ich stehe nun mal nicht auf blonde Wikinger.

Mads ist definitiv der Normalste von uns. Verheiratet, zwei Kinder. Nimmt nur Engagements auf dem europäischen Festland an, damit er immer schnell wieder in Dänemark bei seiner Familie ist. Wenn bei uns anderen die Künstlernerven blank liegen und wir uns gegenseitig in die Waden beißen, grinst er nur gelassen. Und wenn uns seine Gelassenheit auf die Nerven geht und wir uns zusammenrotten und unisono in seine Waden verbeißen wollen, prallen wir an ihm ab, als würde er einen unsichtbaren Ironman-Schutzanzug aus undurchdringlicher Freundlichkeit tragen. Dass ein Opernsänger so normal ist, ist im Grunde schon wieder nicht normal.

„Ihr Wunderbaren, es ist fast vollbracht", ruft Luigi, der bei den letzten roten Motivationskarteikarten angekommen ist. Die Regiekarteikarten sind blau. Er hat auch noch gelbe im Sortiment, aber ich habe keine Ahnung, wofür die sind. „Morgen noch die Generalprobe, da feilen wir ein klitzekleines bisschen an der Boot-Szene und am Liebes-Quartett, aber ich bin zuversichtlich, *moltissimo fiducioso*, dass wir die Premiere nach dem Ruhetag wuppen werden! Und zwar sowas von! Jawohl!"

Applaus brandet auf, aus dem Chor natürlich.

Luigi schaut in meine Richtung. Als ob ich die Meckerliese vom Dienst wäre, die ihm diesen Moment kaputtmachen könnte.

Ich überlege, ob ich hier vor allen an diesem Unding von Kostüm und der Perücke herummäkeln soll.

So wie jetzt kann ich unmöglich singen. Aber ich will auch nicht als schwierig gelten. Es gibt zu viele großartige Sängerinnen – viele von ihnen jünger und, ja, nach gängigen Maßstäben schöner als ich. Wobei ich natürlich einzigartig bin, gerade in der Rolle der Konstanze, die fast schon mein Markenzeichen ist, seit ich vor zwei Jahren in Paris für eine erkrankte Kollegin einsprang und triumphal brillierte. Ich bin eine herausragende Konstanze. In aller Bescheidenheit. Man sagt mir nach, meine Stimme sei nicht nur klar und kräftig, es läge auch eine besondere Schwingung darin, eine emotionale Frequenz, eine Farbe. Rot wie die Liebe. Letzteres sagt man nicht, das bilde ich mir ein. Weil Rot meine Lieblingsfarbe ist.

Leland Perkins, der ebenso greise wie geniale New Yorker Opernkritiker, schrieb einmal, er habe in der Rolle der Konstanze schon die größten Sopranistinnen aller Zeiten gehört, aber *ich* würde die Klarheit der Callas, den Zauber der Schwarzkopf und die jugendliche Unschuld einer Kiri te Kanawa bei weitem übertreffen. Gut, Perkins ist älter als Gott und somit vermutlich taub, und ich darf mir höchstwahrscheinlich nicht allzu viel darauf einbilden, aber ich habe es schwarz auf weiß, und es stand in der *New York Times*! Und den Artikel, in Folie eingeschweißt, trage ich in meinem Geldbeutel immer bei mir.

Irgendwann muss man sich einfach sagen, dass man es auch verdient, im Raum zu sein, wenn man es erst einmal dorthin geschafft hat. Zur Diva macht man sich selbst.

Das muss ich allerdings erst noch üben – mein Durchbruch ist ja quasi noch ganz neu.

Folglich räuspere ich mich, vorsichtig, um die Stimmbänder nicht zu schädigen, und erkläre dezidiert: „An meinem Kostüm muss aber noch gearbeitet werden. Der Reifrock kneift. Und die Perücke ist zu schwer. Ich kann entweder Gewichte heben oder singen, aber nicht beides gleichzeitig."

Ich schaffe es nicht, Luigi dabei in die Augen zu schauen. Das hat aber nichts mit plötzlich einsetzenden moralischen Bedenken ob meines kapriziösen Diventums zu tun – was wahr ist, muss wahr bleiben, und ich verlange ja nichts Ungebührliches –, sondern ausschließlich damit, dass Luigi ein Glasauge hat und ich, wie bei Peter Falk in *Columbo*, nie weiß, welches das echte Auge ist. Deshalb flackert der eigene Blick hin und her, und das ist natürlich total peinlich.

Gisbert, der in Personalunion die Kostüme und das Bühnenbild entworfen hat, kommt auf die Bühne gelaufen. „Herrje, die Perücke ist dir zu schwer?"

Na toll, *dir*. Die Perücke als Fishermen's Friend – ist sie zu schwer, bist du zu schwach. Pö!

Gisbert entfernt mit raschem Griff eine Reihe Perlen von der Perücke und eine Rosengirlande vom Reifrock. Gesamtgewicht: schätzungsweise hundert Gramm. Die restliche Tonne trage ich immer noch am Leib.

„Besser, du Liebe?" Er strahlt.

„Nein, du Lieber." Möglich, dass dabei kleine Rauchwölkchen aus meinen Ohren steigen.

Gisbert fummelt weiter, ich köchle weiter. Schließlich sagt er: „Gisbert holt mal rasch einen Bolzenschneider", und läuft hinter die Kulissen.

Luigi winkt rasch den Chor von der Bühne, als ob er Angst hätte, dass ich gleich wie ein Vulkan eruptieren könnte. Das ServusTV-Team folgt den Chorsängern.

Branwen folgt ihrerseits der Kamera – wozu Schönheitsoperationen, wenn das Ergebnis nicht auf Zelluloid gebannt respektive digital gespeichert wird? Luigi bildet den Abschluss und wirft mir zum Abschied Kusshände zu.

Harry und Mads klatschen sich ab, was sie nach jeder gelungenen Probe tun, und Jimmy schaut auf dem Display seines Handys nach, ob sich ihm irgendein Groupie für ein rasches Nümmerchen zwischendurch zur Verfügung stellt. Letzteres weiß ich natürlich nicht, ich vermute es nur. Aber ich kenne meinen Pappenheimer.

In diesem Augenblick komme ich mir sehr blöd vor und könnte sie ausnahmslos alle umbringen.

Was ich nicht ahne: Von denen, die sich in diesem Moment auf der Bühne befinden, lebe am Ende der Festspielsaison nur noch ich ...

**do-re-mi-fa-so-la-ti-tot!**

Salzburg im Sommer, das ist das pulsierende Leben hoch zehn. Sommer, Sonne, Festspielzeit!

In diesen Tagen ist Salzburg wie ein Gesamtkunstwerk – ob man am Alten Markt in der Innenstadt seine heiße Schokolade mit Schlag trinkt oder auf der Terrasse vor dem Museum der Moderne oben auf dem Mönchsberg seinen Kopf in die Sonne hält, die Seele baumeln lässt, das einzigartige Panorama genießt und seine heiße Schokolade mit Schlag trinkt, man hat das Gefühl, angekommen zu sein. Vielleicht nicht im Paradies, aber definitiv an einem Ort, der ihm sehr nahe kommt.

Wir lernen, ich bin ein Schokoladenjunkie.

Und dass man, wenn man eine gefeierte Opernsängerin ist, im *Tomaselli* oder im *m32* immer einen Tisch bekommt, auch ohne Reservierung. Wobei gefeierte Diven sich natürlich nur unters Krethi-und-Plethi-Volk mischen, wenn sie einen Pressetermin vor Ort haben. Oder wenn sie erkannt werden wollen. So wie ich heute. Weil ich in meinem Zustand das Bad in der Menge brauche.

Darum gehe ich zu Fuß nach Hause. Nicht den direkten, kurzen Weg, sondern einmal quer durch die Innenstadt. Natürlich nicht durch die Getreidegasse, durch die sich die gewaltige Masse Mensch wie ein einziger, großer Organismus schiebt – ich bin ja nicht von allen guten Geistern verlassen, nur von meinem Selbstbewusstsein als Frau. Nein, quasi hintenherum.

Die älteren Herrschaften, die mir im Vorübergehen ehrfürchtig „*Madame, vous êtes vraiment extraordinaire!*" zuraunen, tun meiner geschundenen Seele gut. Wenn mich schon der Mann, den ich liebe, nicht zurückliebt, dann liebt mich doch wenigstens die Welt. Und wenn nicht die Welt, dann doch Salzburg. Zumindest Teile von Salzburg. Die opernbegeisterten Teile.

Ich seufze.

Natürlich wimmelt es um diese Zeit vor Menschen, man kommt nur im Schneckentemposlalom voran. Stadtbesichtigungsgruppen, Pflasterartisten, *Apropos*-Straßenverkäufer, Pferdedroschken, Luftballonmänner – das ganze Panoptikum des Salzburger Sommers.

Der Lärmpegel, den diese plaudernden, lachenden, Selfie-schießenden Horden zuwege bringen, ist erstaunlich. Selbst die Luft vibriert. Momentan vibriert sie allerdings nicht nur, sie flirrt buchstäblich. Und zwar vor Hitze. Auf Schnürlregen hatte ich mich in Salzburg eingestellt, auf Tropenhitze nicht. Ergo: Ich transpiriere.

Die Fahnen vor dem Großen Festspielhaus hängen schlapp in der Sonne. Salzburg war vermutlich noch nie so tropisch. Das muss die Klimakatastrophe sein. Oder die Wechseljahre setzen bei mir ein. Beide Aussichten sind gleichermaßen ätzend.

Mein leuchtend orangefarbenes Jean-Paul-Gaultier-Plissee-Minikleid – genau, trotz üppiger Rundungen ein Minikleid, *no body shame!* – klebt an meiner Haut. Bestimmt sieht man Schweißflecken. Die Kleiderwahl war definitiv eine Fehlentscheidung. Nicht die Einzige. Ich hätte mich von Yves, meinem Mann fürs Grobe, in der klimatisierten Limousine abholen und zu unserer Wohnung bringen lassen sollen. Aber ich suchte ja den Trost der Massen. Doch der hält sich in Grenzen – wer sich nicht ganz aufs Luftzufächeln konzentriert, wischt sich gerade den Schweiß von der Stirn.

Wiewohl ich das Gefühl habe, dass mir jemand folgt. Ein Autogrammjäger? Ein Paparazzo? Aber immer, wenn ich mich umdrehe, sehe ich nur harmlose Touristenhorden.

„*Brava, brava!*", ruft es auf Höhe des Residenzplatzes von links aus einer Gruppe heraus.

Endlich! Ich nicke huldvoll. Das tut meinem wunden Herzen gut. Ein Lächeln lässt sich aber trotzdem nicht auf meine Lippen zwingen. Und ich bleibe auch nicht stehen, um zu sehen, wer mir da verbal huldigt. Nicht in meinem Zustand.

Zügig schreite ich – einen Bogen über den Mozartplatz schlagend – in Richtung Salzach. Ich will über den Mozartsteg und dann den Giselakai zurück bis zu der blassrosa Villa am Elisabethkai, in der ich für die Zeit meines Aufenthalts in Salzburg residiere.

Meine Agentin Marie-Luise Bröckinger, genannt Bröcki, hat zusätzlich zu einer exorbitant hohen Auftrittsgage noch diese Wohnung mit Blick auf die Salzach ausgehandelt, nur ein paar Meter vom Makartsteg entfernt. Gute Frau, die Bröcki. Ich liebe sie. Wir teilen uns zudem eine gemeinsame Sucht – auch die Bröcki ist Schokoholikerin.

Ah, da passiert es wieder. „Ein Autogramm, bitte?" Ein holder Knabe mit lockigem Haar. Er hat noch ein ledergebundenes Autogrammheft, wie süß ist das denn? Natürlich kalligraphiere ich meinen Namen besonders schön hinein. Die Wirkung wird auch nur ganz leicht durch den Schweißfleck gemindert, den meine Hand hinterlässt. Der Junge bedankt sich artig und läuft zurück zu seinen Eltern.

Durch London oder Hamburg könnte ich unerkannt flanieren, in Salzburg werde ich natürlich erkannt. Nicht nur wegen meiner knalligen Outfits, auch weil man eine gefeierte Sängerin hier zu schätzen weiß. Mein Lebenstraum hat sich erfüllt. Ich sollte glücklich sein. Aber schon in dem Moment, als Gott aus Adams Rippe die erste Frau knetete, war deren Schicksal besiegelt: Die Rippe sehnt sich danach, wieder mit einem breiten, männlichen Brustkorb vereint zu sein. Den Brustkorb schert das nicht weiter. Es gibt ja viele Rippen auf dieser Welt – und so ein Brustkorb passt sich jede gern mal probeweise an.

Männer!

Ich knurre.

Radames, jetzt wieder der einzige Mann in meinem Leben, was ihn ungeheuer freut, schaut fragend zu mir auf.

Er ist ein Boston Terrier. Ein Umstand, der nicht gerade für gefälliges Aussehen steht. Die meisten Menschen, die ihn zum ersten Mal sehen, halten ihn für eine Ratte. Eine mutierte, gefleckte Riesenratte. Für mich ist er schön – Schönheit liegt ja bekanntlich im Auge des Betrachters. Mein schnuffiger Radames, benannt nach dem Held aus *Aida*, stammt aus einer der ältesten Züchtungen von Boston Terriern überhaupt. Er kommt nämlich aus Boston und ist ein Nachfahre von ‚Judge‘, dem allerersten seiner Art. Ursprünglich hätte ich einen anderen Hund aus dem Wurf bekommen sollen, eine süße kleine Hündin, aber Radames, der schon als Welpe charakterlich sehr, sagen wir mal, *speziell* war, tat mir leid. Niemand wollte ihn haben. Wie konnte ich da nein zu ihm sagen?

„Alles gut", gurre ich mit meiner beruhigendsten Frauchen-Stimme, und er zieht weiter. Wir sind erst wenige Tage in Salzburg, aber er hat bereits einen Lieblingsbaum, den er jetzt ausgiebig gießen will. Während ich sein rundliches Hinterteil betrachte,

das gut drei Meter vor mir – es ist eine lange Leine –
herwackelt, wahnsinnig wackelt, wie eine Mischung
aus türkischem Bauchtänzer und Bollywoodballerino,
wird mir erneut überdeutlich bewusst, dass ich nun
ganz allein auf der Welt bin. Selbstmitleid kommt gern
in Schüben.

Tränen steigen hinter den dunklen Gläsern meiner
Sonnenbrille hoch. Es gibt nur mich. Und Radames.
Und Bröcki. Und Yves, den verkrachten Countertenor,
den ich als Mädchen für alles eingestellt habe. Also im
Grunde nur mich.

Ich seufze wieder.

An einem Tag wie heute – so kurz vor einem der
wichtigsten Auftritte meines Lebens – sollte ich nicht
über private Kümmernisse nachdenken müssen. Das
ist auch *seine* Schuld, räsoniere ich. Wenn ich bei der
Premiere nicht wie üblich 110 Prozent geben kann, weil
ich innerlich tot bin, dann ist das allein *seine* Schuld!

Dabei hätte ich es wissen müssen. Ein Tenor. Niemals mit einem Tenor! Das ist schlimmer als mit einem Dirigenten. Mit einem Bariton, okay. Mit einem
Bass, nun gut. Aber niemals mit einem Tenor! Er war
ja nicht mein erster. Nicht mein erster Mann und auch
nicht mein erster Tenor. Aber mit vielen Männern zu
schlafen, macht einen ebenso wenig zur Expertin in
männlicher Psyche, wie man durch übermäßigen Alkoholkonsum zur Weinkennerin wird. Man wird nur
Trinkerin. Und ich fühle mich, als hätte ich einen Kater. Einen enorm bösen Kater. Nie wieder, schwöre
ich mir. Ob ich damit Männer im Allgemeinen oder
nur Tenöre im Besonderen meine, hätte ich in diesem
Moment selbst nicht zu sagen vermocht.

*„Miss Miller, we are your number one fans! You're
simply the best!"*, ruft ein älterer Herr aus einem gol-

denen Mercedes Cabrio. Seine grauhaarige Begleiterin schießt rasch ein Foto von mir.

Stur lächeln und winken. Wie die *Pinguine aus Madagaskar*. Und immer in Bewegung bleiben. Wenn du als Promi stehen bleibst, stürzen sie sich auf dich wie fleischfressende Bakterien und nagen dich bis auf die Knochen blank.

Ich stöhne in mich hinein. Dafür quält man sich also jahrelang – um eine gefeierte Diva zu werden, die pathetisch die Gelegenheit auskosten muss, auf der Straße erkannt und gelobpreist zu werden, weil sie durch ihren Job jede Chance auf ein konventionelles Familienglück verloren hat. Im Grunde führe ich das Leben einer Nonne, nur mit mehr Sex.

Und wie lange wird das noch so weitergehen? Primadonnen haben ein Haltbarkeitsdatum. Stimmlich. Und auch sonst. Erst heute Morgen dachte ich beim Blick in den Spiegel, dass mein Bindegewebe länger schläft als ich. Schlummernd hingen die Backen an meinen Wangenknochen. Lange wird es nicht mehr dauern, bis die Schwerkraft siegt. Und wer will mich dann noch in der Rolle einer jugendlichen Kurtisane sehen, die von der Schwindsucht dahingerafft wird? Okay, blödes Beispiel. Für *La Traviata* bin ich noch nie verpflichtet worden – da müsste man das Libretto vorher auf Adipositas umschreiben.

Ich erwähnte schon, dass ich ohnehin nicht das bin, was man sich unter einer grazilen Koloratursopranistin vorstellt. Das ist bei einer Kleidergröße 50, 48 an guten Tagen, auch schwer möglich. Im Gegensatz zu anderen Kolleginnen – ich nenne da nur Deborah Voigt oder Tara Erraught – hat es aber noch nie ein Kritiker gewagt, sich über meine Fülle auszulassen. Die haben alle Angst vor mir. Zu recht! Irgendjemand hat gegenüber den Medien einmal andeutungsweise durchblicken lassen, dass mein Erzeuger – der meine Mutter schwängerte, ohne sie zu heiraten, aber immer noch väterlich über mich wacht – der Mafia angehört. Dieser Jemand war ich. Im Andeutungsweise-durchblicken-Lassen bin ich gut. Und wenn es die Kritiker davon abhält, Schläge unterhalb der Gürtellinie auszuteilen, habe ich mein Ziel erreicht.

In Wirklichkeit ist mein Vater ein ehemaliger Hippie, der jetzt als Klavierlehrer arbeitet und keiner Fliege etwas zuleide tun könnte. Er hat meine Mutter geheiratet – auf Druck des echten Mafioso in der Familie: meiner Großmutter mütterlicherseits. Dad ist ein ganz Lieber. Noch heute schickt er mir zu jeder Premiere einen Blumenstrauß.

Radames zieht jetzt heftiger. Links von der Brücke steht sein Baum. Dass sein Frauchen innerlich tot am anderen Ende der farblich zu meinem Plisseekleid passenden Leine hängt, interessiert ihn nicht. Hunde sind eben auch nur Männer.

Wir überqueren die Salzach. Ich drehe mich um. Folgt mir da wirklich niemand? Hinter mir sehe ich nur ein japanisches Pärchen, das versucht, mit Selfiestange ein Foto von sich mit Salzburgpanorama zu schießen. Und schon wieder einen dieser Luftballonfigurendreher.

Während Radames pinkelt – was gefühlt immer Stunden dauert –, lasse ich mich auf der Holzbank neben dem Baum nieder und schaue auf die Salzach. Eigentlich wollte ich auf der Dachterrasse des *Hotel Stein* eine heiße Schokolade zu mir nehmen, aber ich bin völlig groggy. Die Proben, die Hitze, mein gebrochenes Herz ... Und da kommen sie auch schon. Die Tränen. Sintflutartig schießen sie unter meiner Sonnenbrille hervor.

„Aber, aber ...", quakt da eine brüchige Frauen-
stimme. „Wer wird denn gleich weinen?"

Ich schniefe und schaue auf.

Angst Nummer eins: Es könnte eine Journalistin sein,
die eine Exklusivstory mit verwackelten Handyfotos
schreibt: *Pauline Miller – Zusammenbruch in Salzburg!
Wird sie nach ihrem Kollaps je wieder singen können?*

Angst Nummer zwei: Es könnte eine Kollegin sein,
die die Kunde von meiner Nervenkrise von nun an bis
in alle Ewigkeit in Branchenkreisen verbreitet – *die
Miller hat's einfach nicht mehr drauf, unter Druck heult
sie wie ein Baby.* Dieses Gerücht spricht sich zu den
großen Häusern herum, die mich daraufhin nicht
mehr engagieren. Man darf zwar durchaus einmal
schlecht bei Stimme sein, aber ein unzuverlässiges
Nervenbündel, das womöglich eine Aufführung platzen lässt, ist ein absolutes No-Go.

Angst Nummer drei: Es könnte eine irre Stalkerin
sein, die mich gleich mit ihrem Hermès-Schal erdrosselt.

Eins und zwei sind durchaus reale Ängste, Angst
Nummer drei rührt wohl daher, dass ich wegen meines Liebeskummers schlecht einschlafen kann und
deshalb die Agatha-Christie-Bücher lese, die in der
Wohnung ausliegen.

Ich schiebe mir die Sonnenbrille auf den Scheitel und
tupfe mir vorsichtig mit dem Handrücken die Tränen
aus den Augenwinkeln. Jetzt, wo ich die Frau ohne Was-
serschleier sehen kann, kommt sie mir weder bekannt
noch gefährlich vor. Alt, mit schütterer Dauerwelle, trotz
der Bullenhitze in einem leichten Sommermantel.

Sie setzt sich neben mich auf die Bank. „Ein Mann?
Ich wette, es geht um einen Mann." Sie nickt, obwohl
ich noch gar nicht reagiert habe. „Er will Sie verlassen?
Nein, warten Sie, er hat Sie schon verlassen, stimmt's?"

Sie mustert mich. „Ja, stimmt", konstatiert sie, wiewohl ich immer noch reglos verharre. „Kindchen, Sie sind doch eine gestandene Frau. Na schön, dann hat Ihr Lack jetzt eben einen Riss, aber das macht Sie doch nur interessanter."

Na toll, eine völlig Fremde gibt mir Ratschläge zu meinem Leben. Noch dazu punktgenau zutreffende. Ob ich in ihrem Alter auch so weise sein werde? Kommt das mit den Jahren automatisch oder muss man etwas dafür tun? Einen Kurs belegen? Viel durchlitten haben? Küchenkalendersprüche auswendig lernen?

Ihre runzlige Hand legt sich auf meine Rechte. Ich entziehe sie ihr nicht. „Manche Menschen werden Sie verlassen, so ist das eben, aber das ist nicht das Ende Ihrer Geschichte. Das ist nur das Ende von deren Rolle in Ihrer Geschichte." Sie lächelt.

Ich heule wieder. Es lässt sich nicht vermeiden.

Seit der Abreise aus New York habe ich auf starke Frau gemacht, sogar vor Bröcki und Yves. Schließlich bin ich deren Arbeitgeberin, und eine Chefin muss cool sein, sonst tanzen die Subalternen wie die Mäuse auf dem Tisch. Aber jetzt öffnet das Mitgefühl dieser Fremden alle Schleusen. Die Tränen mussten irgendwann raus. Es hatte beim Gehen schon förmlich geschwappt.

Radames ist endlich leergepinkelt und bekommt mit, dass sein Frauchen auf der Bank Gesellschaft hat. Hechelnd springt er auf meinem Schoß und kokettiert mit der alten Frau neben mir, weil er – geborener Optimist, der er ist – auf Leckerli hofft.

Erfahrungsgemäß gibt es auf seinen Anblick nur zwei Reaktionen: Abscheu oder Faszination. Die meisten Menschen denken bei seinem Anblick an ein mutiertes Nagetier. Vor allem in der Dämmerung, wenn er grauschwarz wirkt und seine Augen blitzen.

Die alte Frau sieht in ihm aber offenbar keinen Schädling. Sie gurrt: „Was für ein süßer Wauwau" und streichelt ihn hinter den – in Relation zum Restkörper gesehen – riesigen Ohren. Sie muss eine versierte Streichlerin sein. Radames hechelt beglückt, steigt hinüber auf ihren Schoß, strahlt ... und fällt leblos in sich zusammen.

Die Frau schreckt zurück. „Ach herrje, was hat er denn? Liegt das an mir?"

Ich wische mir mit dem Handrücken über die Augen. Dass ich damit mein Make-up verschmiere und jetzt vermutlich aussehe wie Marilyn Manson, ist mir egal. „Keine Sorge", sage ich und schiebe meine Sonnenbrille vom Scheitel wieder nach unten auf den Nasenrücken. „Das passiert immer, wenn er sich freut. Oder sonstwie erregt ist. Sie müssen nämlich wissen", ich schaue auf meinen süßen Komaschnarcher, „mein Radames ist Narkoleptiker."

„Narko-was?"

„Narkolepsie. Schlummersucht. Schlafkrankheit. Im Zustand von Übererregung schläft er abrupt ein."

Die Alte kichert. „Mein Gott, jetzt haben Hunde auch schon diese neumodischen Trendkrankheiten. Zu meiner Zeit gab es sowas nicht."

Ich komme zu dem Schluss, dass sie doch nur eine tattergreisige Seniorin ist, die rein zufällig den Nagel auf den Kopf getroffen hat, was meinen Männerkummer angeht. Gerade will ich ihr Radames abnehmen, als sie aufschaut und mit einem mageren, altersfleckigen Hexenfinger auf die Brücke zeigt.

„Ist das Ihr Lover, der Sie sitzengelassen hat? Vielleicht tut es ihm schon leid? Er schaut jedenfalls die ganze Zeit herüber."

Ich folge ihrem Blick und ihrem Finger.

Der Luftballonmann!

Das kann kein Zufall mehr sein. Der verfolgt mich. Bestimmt hat er zwischen all seinen Ballonen eine Kamera mit Zoom versteckt und verschachert noch heute mein Heulsusenfoto an die Regenbogenpresse!

„Passen Sie auf meinen Hund auf?", rufe ich im Aufspringen und wusle zur Brücke. Ja, ich wusle. Rennen kann man das nicht nennen – Sport habe ich seit meiner Schulzeit nicht mehr getrieben. Und schon damals hing ich wie ein nasser Sandsack an den Geräten und fiel im Hundert-Meter-Lauf durch besondere Langsamkeit auf.

Der Luftballonmann verharrt noch einen Moment, als sei er unschlüssig, was ich als Nächstes tue. Selbst als ich auf die Brücke biege, scheint ihm in treuherziger Ahnungslosigkeit noch nichts zu dämmern. Aber als ich, Furie, die ich bin, wie ein Tsunami direkt auf ihn zurolle, leuchtet die sprichwörtliche Glühbirne über seinem Kopf auf.

„Ich will Ihre Fotos", schreie ich. Wenn ich eins kann, dann meine Stimme erheben.

Das japanische Pärchen von vorhin, das immer noch Fotos schießt, schreckt zusammen. Ein Vater mit Kleinkind stellt sich schützend vor die Frucht seiner Lenden.

„Haltet den Mann auf!", brülle ich, während ich wie eine flammende Walze der Vernichtung über den Mozartsteg rolle. So kenne ich mich gar nicht. Okay, ich bin kein Ausbund an buddhistischer Gelassenheit, aber normalerweise drehe ich nicht so völlig hohl, schon gar nicht in der Öffentlichkeit. Das muss der Liebeskummer sein!

Der Luftballonverkäufer ist sehr viel agiler als ich und hat schon einen gehörigen Vorsprung, als er – nach dem Steg an die rote Ampel kommend – den Fehler begeht, am Rudolfskai nicht nach links abzubiegen, wo er freie Bahn hätte, sondern nach rechts, wo er auf eine verirrte Reisegruppe aus Jugendlichen trifft. Er bemerkt seinen Fehler, dreht sich um, merkt, dass ich schon zu nahe bin, schaut auf die Straße, wo jedoch gnadenlos der Verkehr brettert, und ergibt sich in sein Schicksal.

Ha!

Keuchend hole ich ihn ein. „Ich ... will ... die ... Fotos!"

„Was für Fotos?" Der Mann ist gut. Man könnte ihm seine Verblüffung fast abkaufen.

Die Reisegruppe bleibt interessiert stehen.

„Die Fotos, die Sie eben von mir geschossen haben! Sofort her damit!"

„Hab ich doch gar nicht", protestiert er. Jetzt flackert etwas wie Angst in seinen Augen auf. Angst vor mir, der Durchgeknallten.

Aber natürlich ist das nur vorgetäuscht.

Ich ziehe mein Schweizermesser aus der Umhängetasche – unentbehrlich für Weltreisende wie mich –, lasse den Korkenzieher aufschnappen und sage: „Zum letzten Mal, ich will die Fotos!"

„Ich habe keine Fotos", beharrt er bockig.

„Sind Sie nicht Pauline Miller?", piepst die weibliche Begleitperson der Jugendtruppe.

Ich ignoriere sie.

„Zum allerletzten Mal, Fotos her – oder ich vergesse mich!"

Der Ballonmann schaut sich hilfesuchend unter den Jugendlichen um, aber die finden das alles höchst unterhaltsam und rühren keinen Finger.

„Hilfe!", ruft er in seiner Not den vorbeifahrenden Autos zu.

Woraufhin ich mit dem Korkenzieher einen Ballon nach dem anderen absteche. Ich kann nicht anders. Ich kann auch nicht aufhören. Keine Ahnung, was mich reitet. Es muss aber definitiv ein Teufel sein. „Wenn ... Sie ... keine ... Fotos ... von mir ... geschossen haben ... warum sind Sie ... dann ... vor mir ... davongelaufen?", keuche ich, während Giraffen, Dackeln und altmodischen, unzerkneteten Ballonen mit Mozarts Konterfei quietschend und zischend die Luft entweicht.

„Ich dachte, Sie sind vom Ordnungsamt. Ich habe keine Genehmigung für den Straßenverkauf von Ballonen." Er heult fast.

Endlich halte ich inne.

Aber natürlich ist es da schon zu spät. Mehrere Jugendliche haben bereits Handybilder von der wahnsinnigen Luftballonkillerin geschossen und auf Twitter gestellt.

Hashtag: *#DivaDrehtDurch*.

## Aus die Maus!

*Reiß dich mal zusammen, du Lappen* – so würde der Titel des Ratgeberbuches lauten, mit dem ich Menschen in schwierigen Lebensphasen Kraft geben könnte.

Also vor allem mir. Und zwar jetzt. So ein öffentlicher Ausrutscher darf mir nicht nochmal passieren. Nirgends – und schon gar nicht hier in Salzburg.

Die Alte hat gut auf meinen kleinen Liebling aufgepasst. Ich bedanke mich artig, sammle den wiedererwachten Radames ein und schleiche nach Hause.

Verschwitzt steige ich die Stufen der Villa nach oben. Memo an mich: Bröcki zur Sau machen, weil die Wohnung keinen Aufzug hat. Das hätte im Vertrag stehen müssen: Für die gnädige Frau ist ein Apartment im fußläufigen Innenstadtbereich, nicht unter zweihundert Quadratmetern, *mit* Aufzug zur Verfügung zu stellen. Und am besten auch noch zwei eingeölte nubische Sklaven, die mir mit riesigen Straußenfederfächern kühle Luft zufächeln.

Radames hechelt.

Ich auch.

Im ersten Stock bleibe ich stehen und werfe den Hausschlüssel in meinen Balenciaga-Shopper. Auf der kleinen Louis-XIV-Anrichte unter dem vergoldeten Barockspiegel liegt die Post für Wer-immer-im-ersten-Stock-wohnt. Ich greife nach einem länglichen Umschlag aus schwerem Bütten und wedle damit in der Luft herum, bis ich den idealen Winkel gefunden habe, um maximale Luftzufuhr für meine erhitzten Hautpartien zu erreichen.

Radames will sich mit seinen beiden niedlichen Vorderpfoten an meiner schwitzigen Wade abstützen, rutscht ab, versucht es erneut. Monsieur wünscht, nach oben getragen zu werden, schon klar. Aber ganz sicher nicht von mir. Ich bin mittlerweile ein einziger Schwitzfleck auf zwei Beinen. Was ich noch an Kraft habe, brauche ich für mich selbst.

„Yves kommt dich holen, mein Kleiner", verspreche ich, lasse die Leine los und schleppe mich – mir ununterbrochen Luft zufächelnd – die letzten Stufen in den zweiten Stock.

Radames bleibt schmollend zurück.

Endlich oben angekommen, lehne ich mich schwer an die Tür und klingle. Zur Sicherheit klopfe ich auch im Stakkato-Rhythmus. Und klingle erneut. Ich brauche sofort Wasser. Gut, ich hätte auch in meiner Umhängetasche nach dem Wohnungsschlüssel suchen können, aber das hat unten an der Haustür schon ewig gedauert – meine Tasche ist groß – und ist mir jetzt zu mühsam. Wozu hat man Personal?

Mein Blick fällt nach unten auf den Türvorleger. Auf dem – Parbleu! – etwas liegt. Es sieht mir sehr aus wie eine ...

„Aaaaaaaaaaaaah!"

Wie schon gesagt: Eins muss man Opernsängerinnen lassen – wenn sie schreien, dann richtig. Will heißen: ohrenbetäubend.

Yves reißt die Tür auf, die Augen untertassengroß und fragend.

Hinter ihm kommt Bröcki aus dem Badezimmer, nur mit einem Handtuch um die Hüften.

Einen Stock tiefer fängt Radames an zu kläffen. Er wähnt Frauchen in Gefahr. Aber so besorgt, dass er rasch die Stufen erklimmt, um sich in die Knöchel möglicher Angreifer zu verbeißen, ist er auch wieder nicht. Er kläfft also aus sicherer Entfernung.

„Was ist?", ruft Yves.

Eigentlich ist Yves ja Countertenor – das heißt, er singt. Und zwar für einen Kerl ungewöhnlich hoch, Falsett-Technik in Sopranlage. Das konnten früher nur Kastraten, also Sänger, denen man vor der Pubertät die Hodenstränge durchschnitten hat, was dazu führt, dass sich die sekundären Geschlechtsmerkmale nicht entwickeln und der Junge seine hohe Knabenstimme behält. Yves weist gern und oft darauf hin, dass Countertenöre keine Kastraten sind, was Bröcki aber, wenn sie schlecht drauf ist, was sie grundsätzlich ist, nicht davon abhält, ihn als meinen „Haus-Eunuchen" zu bezeichnen. Das ist, wie wenn man einen Schalter umlegt. Wann immer man in Yves' Gegenwart Countertenöre mit Kastraten vergleicht, plustert er sich auf und betont, dass seine Kronjuwelen noch im Komplettsatz vorhanden sind und auch bestens funktionieren. Schließlich habe er in Asnières-sur-Seine, in Cannes und im burgundischen Nuits-Saint-Georges je einen unehelichen Sohn, für die er monatlich erkleckliche Unterhaltszahlungen abdrücken müsse. Woraufhin Bröcki immer ganz lapidar konstatiert: „Also doch wie Farinelli, nur mit scharfer Munition." Eines Tages kloppen sich die beiden – ich kann nur hoffen, dass ich dann nicht in der Nähe bin.

Yves ist ansonsten ein süßer Junge und steht noch ganz am Anfang seiner Karriere. Wir lernten uns in London bei einer BBC-Quizsendung kennen – wir sangen beide jeweils hinter einem blickdichten Paravent Händels „Arie des Engels" aus *La Risurrezione de Nostro Signor Gesù Cristo*, und das Publikum musste raten, wer die Sopranistin und wer der Countertenor war. Noch heute trillern wir die Arie manchmal um die Wette.

Weil er diesen Sommer kein Engagement hat, habe ich ihn kurzerhand als ‚Mann für alle Fälle' eingestellt. Dabei dachte ich an Chauffeurs- und Kochdienste. In realiter schläft er die meiste Zeit, und statt zu kochen, ruft er den Bringdienst an. Aber wenigstens bin ich nicht allein in Salzburg. Ich hasse es, allein zu sein. Und als ich ihn mit Handschlag engagierte, wusste ich ja noch nicht, dass auch Bröcki eine Unterkunft braucht und sich kurzerhand bei mir einquartiert hat. Sie sei noch nie in Salzburg gewesen, begründete sie diesen Schritt, und halte es für eine supergute Gelegenheit, Connections zu knüpfen und meine adäquate Betreuung zu garantieren. Aber ich weiß, dass sie mich nur wie ein Habicht bewachen will, weil eine renommierte Künstleragentur aus London ein Auge auf mich geworfen hat und mich ihr abwerben möchte.

„Ist was passiert?", ruft besorgt eine geschlechtslose Stimme von ganz unten aus dem Erdgeschoss, in dem sich eine Kanzlei befindet. „Sollen wir die Rettung rufen?"

Ich zeigefingere auf die tote Maus auf dem Türvorleger.

Weil das die Stimme im Erdgeschoss nicht sehen kann, steigt Yves im Crazy-Walk-Stil von John Cleese über die tote Maus, beugt sich über die Treppenbrüstung und trällert nach unten: „Alles in Ordnung, verzeihen Sie bitte. Nur eine sensible Künstlerseele im Panikmodus."

Weil Radames nicht aufhören will zu kläffen, springt Yves trotz der stehenden Hitze im Treppenhaus behände einen Stock tiefer und sammelt meinen kleinen Liebling ein. Der daraufhin sofort verstummt. Vielleicht hat er doch nicht aus einem angeborenen, wölfischen Beschützerinstinkt heraus gebellt, sondern wollte nur nichts von der Action verpassen. Und weil er Durst hat. Kaum sind die beiden wieder oben, beugt sich Radames weit aus Yves' Armen und richtet sein plattes Näschen schnuppernd in Richtung tote Maus.

Zu seiner Entschuldigung muss gesagt werden, dass er ein verzogener Schoßhund ist, der nur hochwertige Fertignahrung aus Dosen kennt. Als er daher den toten Nager wittert und realisiert, dass da eine Leiche auf unserer Schwelle liegt, überkommt ihn eine solche Erregung, dass er prompt wieder einen narkoleptischen Anfall erleidet. Ich bitte Sie, wenn Sie plötzlich einen Toten sähen, der nur unwesentlich kleiner ist als Sie und zwischen Ihnen und Ihrer Hausbar läge, würden Sie bestimmt auch heftig reagieren.

Weil Radames, so klein er auch ist, in narkoleptisiertem Zustand schwer wie ein Zementsack scheint und gefühlte Tonnen wiegt, parkiert Yves ihn auf meiner Schulter. Das macht er immer so, weil er denkt, meine breite Schulter hält das aus, und weil ich einmal erklärt habe, Radames sei der einzige politisch korrekte Echtfellkragen. Als ich das sagte, herrschten natürlich keine 33 Grad im Treppenhausschatten. Aber ich habe andere Probleme als einen schlafenden Schoßhund auf der Schulter, ich muss meine Künstlerehre verteidigen.

„Bitte, das ist ein allzu verständlicher Panikmodus – eine Maus hat sich zum Sterben vor meine Tür gelegt!", verteidige ich mich, eine Nuance lauter, als es nötig gewesen wäre, damit – falls die da unten im Erdgeschoss noch lauschen – alle wissen, dass ich nicht grundlos zu schreien pflege. Empört fächle ich mir mit dem widerrechtlich akquirierten Büttenumschlag Luft zu.

Bröcki beugt sich vor. Aus ihrer tiefergelegten Warte – Marie-Luise Bröckinger gilt mit ihren 119 Zentimetern Scheitelhöhe offiziell als kleinwüchsig – sieht sie natürlich mehr als ich und erkennt sofort: „Die hat sich da nicht freiwillig hingelegt. Jemand hat ihr den Hals umgedreht. Schaut, da liegt auch was unter ihr. Moment." Sie bückt sich, hält mit der Linken den Knoten des Handtuches über ihrer Brust fest und zieht mit der Rechten etwas unter der Maus hervor.

Yves und ich beugen uns – in einer einzigen, fließenden Bewegung wie zwei Synchronschwimmerinnen – nach vorn. Der immer noch schlafende Radames gerät ins Rutschen. Ich kann ihn gerade noch rechtzeitig festhalten, bevor er mir von der Schulter purzelt und womöglich die tote Maus plattmacht.

„Steht da was auf dem Zettel?", frage ich und überlege gleichzeitig fieberhaft, ob das ein Dummer-Jungen-Streich ist. Aber wie wäre ein dummer Junge in die stets gut verschlossene Villa gelangt? Oder wollen die anderen Mieter des Hauses – vornehmlich die Verbiesterte aus dem ersten Stock – uns damit sagen, dass seit unserem Einzug letzte Woche eine Nagetierplage über sie gekommen ist? Oder ist es der Abschiedsbrief der Maus, die keinen anderen Ausweg mehr sah …

Bröcki liest, macht „ts, ts, ts" und hält uns den Zettel entgegen, damit wir selbst lesen können.

Und da steht in fetten Lettern, mit Mäuseblut rot gesprenkelt:

AUS DIE MAUS!

# Zweiter Aufzug

*In welchem diverse Darsteller zu Tode kommen, genauer gesagt: unschön zu Tode kommen.*

*„Erst geköpft,*
*dann gehangen,*
*dann gespießt*
*auf heißen Stangen,*
*dann verbrannt,*
*dann gebunden*
*und getaucht,*
*zuletzt geschunden."*

*Kurzum: nichts für zarte Gemüter!*

## Tötet Mozart!

„Mozart ist tot! Du hast ihn umgebracht!"

Luigi, unser Regisseur, rauft sich das nicht vorhandene, weil zeitgeisttrendy abrasierte Haupthaar. Was ihm auf dem Schädeldach fehlt, lugt dafür umso struppiger aus dem geöffneten Hemdkragen. Er steht mittig auf der Bühne und starrt – man möchte fast sagen: erwartungsgemäß – entschuldigend an die Decke, als ob dort oben zwischen den Scheinwerfern das tote Wolferl säße und angesichts der Grausamkeit, die soeben an seiner Arie verübt wurde, leise in sein Spitzenschnäuztuch weinte.

Harry Cho lässt das kalt. Offenbar hat man ihm schon Schlimmeres vorgeworfen. Sichtlich strahlt er aus, dass sein „Wer ein Liebchen hat gefunden" seiner Meinung nach nur haarscharf an der absoluten Perfektion vorbeigeschrammt ist und der Regiefuzzi nur deshalb ausrastet, weil er bislang ausschließlich an zweitklassigen Bühnen inszeniert hat und er sich hier in Salzburg endlich auf Teufel komm raus in der Oberliga beweisen will.

„Wenigstens musste er nicht lange leiden, der Mozart. Unsere geschätzte Frau Kapellmeisterin hat uns ja in einem kühnen Ritt durchgepeitscht", schiebt Harry die Schuld kongenial in den Orchestergraben und beißt in eine der echten Feigen, die er während seiner Arie von dem eingetopften Feigenbaum zu pflücken hatte.

„Wie bitte?", ruft Marianne Loiblsberger, eine patente junge Frau, der ich eine große Zukunft am Dirigentenpult vorhersage, und nimmt ihre Kopfhörer ab.

Luigi tritt an den Bühnenrand und hebt besänftigend die Arme. „Nichts, *tutto bene*, liebstes Marianderl, alles bestens."

Ein kleines bisschen tut er mir leid, unser Regisseur. Lauter A-Lister unter einen Hut zu bringen, ohne einen davon zu vergrätzen, und dabei auch noch die eigene Vision umzusetzen, ist ein Ding der Unmöglichkeit. Im Idealfall wird nur seine Ganzkörperbehaarung grau – aber so rot, wie sein Kopf gerade angelaufen ist, tippe ich eher auf Herzinfarkt noch vor der Premiere.

Hochkarätige Künstler wie wir proben nicht wochenlang, sondern nur ein paar Tage. Schließlich beherrschen wir unsere Partien aus dem Effeff. Zumal es, anders als früher, heutzutage kein Probengeld mehr gibt, nur noch Auftrittshonorare. Folglich ist jede Probe kostbar und minutiös durchgetaktet. Theoretisch. Praktisch merkt man unserem Regisseur in seiner Einstellung zurzeit eine gewisse, möglicherweise ererbte, Lässigkeit an. Wir haben den Zeitplan schon mächtig überzogen. Seine joviale Haltung bringt er allerdings nicht den Feinheiten der musikalischen Darbietung entgegen. Anders als viele Opernregisseure, die neuerdings von sich reden machen, kommt Luigi nicht von der Optik, sondern tatsächlich von der Musik. Hat früher selbst gesungen. Da redet er gern auch mal Tacheles, so wie vorhin, als er Mads unumwunden an den Kopf warf, sein Piano sei „nicht vom Atem getragen, sondern in den Rachen gerutscht" und klinge daher „knödelig". Knödelig!

Selbst der sonst so bodenständige Mads wirkte daraufhin vergrätzt und murmelte „*Roev!*", was – dem Klang nach – eine unschmeichelhafte Bezeichnung für Luigi gewesen sein muss.

Luigi wirbelt wieder zu Harry herum.

Ehrlich, er sieht gerade aus, als würde er gleich wie das HB-Männchen in die Luft gehen und irgendwo dort oben, Seite an Seite mit dem Wolferl, kernige Männertränen vergießen. Bin gespannt, welches Adjektiv er jetzt aus seinem reichen Fundus an Verbalinjurien wählen wird, um Harry wieder ,auf Spur' zu bringen.

Dabei hat Harry die Arie meiner Meinung nach wirklich astrein abgeliefert. Vermutlich muss Luigi nur deshalb an den Jungs Dampf ablassen, weil ich vorhin bei meinem Einsatz nicht textsicher war und meinen Auftritt gnadenlos vergeigt habe, auch weil ich mir meine Markierungen nicht merken kann und immer links gehe, wo ich rechts gehen sollte. Aber *mich* darf er nicht anbrüllen. Mir darf er nicht vorwerfen, ich würde das kulturelle Erbe Österreichs mit meinen Füßen in Schuhgröße 41 zertrampeln. *Ich* bin die Primadonna.

Und weil ich wegen der toten Maus Nervenflattern bekommen habe, sitzt meine Agentin in der ersten Reihe und wohnt dieser Probe der wichtigsten Arien des Stückes bei. Jeder Ausraster von Seiten der Regie würde von ihr minutiös mitstenographiert und dem Festivalpräsidium unter Androhung meines begründeten Rückzugs von der Oper auf einem Silbertablett serviert. Hoffe ich zumindest. Aber wenn ich das von hier oben richtig sehe, tut Bröcki weiter nichts, als auf ihr Handy einzutippen. Das hätte sie auch in meiner Garderobe tun können, wo mein Nicht-Kastrat Yves auf meinen schlummernden Schoßhund aufpasst. Nein, Radames hat keinen neuerlichen narkoleptischen Anfall. Er liebt einfach sein vormittägliches Nickerchen.

Ich stehe neben der Haremstüre am linken Bühnenrand. Jemand tritt neben mich. Ich drehe mich um und ...

... schreie.

Ausnahmslos alle Anwesenden zucken entsetzt zusammen. Sogar der unerschütterliche Harry lässt seine buschigen Augenbrauen nach oben fahren und die angebissene Feige fallen. Luigi taumelt einen Schritt nach hinten, gefährlich nahe an den Bühnenrand, mit der Hand auf der Brust, als ob sein Herz ausgesetzt hätte.

Ich möchte betonen, dass ich früher – also vor Salzburg – nicht so schreckhaft war. In meinem ganzen Leben habe ich noch nicht so oft aufgeschrien wie in diesen letzten Tagen. Auch das schiebe ich natürlich auf meinen Ex-Lover. Und ahne in dem Moment noch nicht, dass es erst der Anfang meiner Schreckensschrei-Laufbahn ist.

Vom linken Bühnenrand kommt der Dingsbums ... äh ... der Schauspieler angerannt, vermutlich aus dem Garderobenbereich, am rechten Bühnenrand taucht Jimmy O'Shay auf und ruft: „Großer Gott, was ist passiert?" Er schaut zu mir. „Pauly? Alles in Ordnung?"

Ich stemme die Hände in die Hüften und funkle meine Kollegin Branwen an, die neben mir steht.

Mit riesigen Micky-Maus-Ohren aus schwarz-weißem Plüsch!

Branwen kichert haltlos, und als sie sich ausgekichert hat, lästert sie: „Paulinchen will uns nur beweisen, dass sie in ihrem Alter das hohe C immer noch mühelos schafft."

„Wir sind nur fünf Jahre auseinander!", brumme ich.

„Jünger ist jünger! Im Kindergarten hätten wir jedenfalls nicht miteinander spielen können." Branwen rückt die Ohren auf ihrem Kopf zurecht. „Ich habe gestern beim Heimkommen vor der Tür zu unserer WG eine tote Maus und eine Art Drohbrief gefunden.

Da dachte ich: Angriff ist die beste Verteidigung – Mäuse aller Länder, vereinigt euch! Die Maus ist tot, es lebe die Maus!"

„Ich habe auch eine tote Maus vor der Tür gefunden." Mads nickt. „Ein Lausbubenstreich. Haben wir früher mit unseren unverheirateten Lehrerinnen gemacht." Er schmunzelt in sich hinein.

„*Sì*, wir haben sogar ein Maus-Mobile gebastelt!", trumpft Luigi auf. „Wir haben gehofft, unsere Chemie-Lehrerin würde sich daraufhin versetzen lassen, aber sie hat das Mobile völlig unbeeindruckt abgenommen und die Mäuse an ihre Katze verfüttert." Er schmunzelt.

„Das war bestimmt der Gisbert", lacht Branwen. „Gisbert, wo bist du? Gestehe!"

Offenbar finden das alle total lustig und kein bisschen besorgniserregend.

Doch da erhalten meine Befürchtungen Bestärkung von unerwarteter Seite.

„Mir hat man auch eine tote Maus vor die Tür gelegt! Mit einem unheilvollen Zettel", bestätigt dieser Schauspieler. Wolfgang irgendwas, dämmert es mir langsam. „So etwas Abartiges ist nie vorgekommen, als ich damals mit Steven Spielberg sein Meisterwerk *München* gedreht habe", erklärt er. Dämlicher Depp. Aber mit einer herrlich sonorigen Stimme, wie ich hinzufügen möchte. Er zupft an seinem Vollbart. Keine Ahnung, ob er sich den extra für die Rolle hat wachsen lassen oder ob er den Stil des Waldschrats auch privat pflegt. Wolfgang soll Schauspieler an der Wiener Burg sein, heißt es. Da der Pascha ja nur eine Sprechrolle ist, besetzt man ihn gern mit fernsehbekannten Gesichtern. Ich pflege niemanden zu googeln, der nicht singt, und weiß daher nicht, wie Wolfgang im wahren Leben aussieht. „Das ist doch kein Streich! Das ist eine Warnung, ein Omen! Jemand plant etwas Schurkisches! Wir sind alle in Gefahr!", tönt er jetzt tremolierend mit seiner weit tragenden Bühnenstimme – und plötzlich setzt ein unheilvolles Geigensolo ein.

Die Dirigentin klopft mit dem Taktstock auf ihr Notenpult und wirft der ersten Geige einen vorwurfsvollen Blick zu, aber man merkt, dass die Musiker das sämtlich witzig finden. Und sie auch.

Weil ich nicht als jammerlappige Angsthäsin gelten will – und ich ja auch wirklich keine Angst vor den Ohren hatte, ich war nur kurz erschrocken –, rufe ich entgegen meiner innersten Überzeugung: „Das ist doch albern. Wir sind nicht in Gefahr! Da hat sich nur jemand einen blöden Streich erlaubt. Niemand will uns Böses."

In diesem Moment tut es einen Schlag.

Einen donnernden Schlag.

Gefolgt vom Klirren von Glas.

Ein Scheinwerfer ist mit Karacho von der Decke auf die Bühne gekracht. Dabei hat er Harry und Luigi zwar großflächig – also wirklich weiträumig – verfehlt, aber die beiden werden trotzdem blass. Um nicht zu sagen: totenbleich. Was gerade bei Luigi etwas heißen will, weil der sichtlich viel Zeit im Solarium verbringt. Oder in Mama Pescarellis Garten unter der Sonne Siziliens.

„Hoppla! Alles okay da unten?", erkundigt sich eine Stimme von oben. Nicht Wolfgang Amadeus, sondern Gisbert Weiß, unser Bühnenbildner.

„*Diamine*! Verdammt, Gisi!", brüllt Luigi. Er stampft auf. Wenn er gekonnt hätte, hätte er sich vermutlich wie Rumpelstilzchen in den Bühnenboden gebohrt.

„Ein Omen!", wiederholt der sonore Wolfgang. Er wiederholt es so ominös, als wolle er damit andeuten, wir sollten die Aufführung der Oper zum Wohle aller absagen. Aber man sagt etwas, das bereits viele, viele Hunderttausende von Euros verschlungen hat und von 3Sat live mitgeschnitten werden soll, nicht ab, nur weil sich jemand dumme Mäusescherze erlaubt und ein Scheinwerfer lose hing. Da muss schon Schlimmeres passieren!

„Also gut." Luigi versucht sichtlich, sich wieder zusammenzureißen. Jeden anderen Bühnenbildner hätte er vermutlich auf der Stelle gefeuert, aber Gisbert und er sind – Gerücht, Gerücht, brühwarm von meiner Ankleiderin erfahren – verpaart, und folglich wird es nur Beziehungsstress geben, kein Kündigungsschreiben. „Hier liegen zu viele Scherben herum. Lasst uns jetzt schon in die Mittagspause gehen. Wir treffen uns um 16 Uhr wieder. Verstanden, Kinder?"

Alle nicken.

„Und denkt daran: Ihr sollt Mozart Leben einhauchen und ihn nicht umbringen!"

## Schafskopf in Aspik

Menschen, die den IQ von James O'Shay auf konstant unter Raumtemperatur einschätzen, haben recht. Er ist der Schönste. Nicht der Hellste. Das eint Tenöre im Allgemeinen. Für ihn spricht, dass er das Herz am rechten Fleck hat. Auch wenn er sich für ein Geschenk des Himmels an die Frauen hält.

„*Sweetheart*, dich quält doch etwas! Was ist es? Kann ich helfen?"

Er beugt sich über meine Schulter und schaut mir in meinem riesigen Schminkspiegel treuherzig in die Augen. Jede andere hätte geglaubt, er wolle mir aus der Güte seines Wesens Trost zusprechen. Jede andere kennt ihn aber auch nicht so gut wie ich.

Und gleich darauf zeigt sich, wes Geistes Kind er ist. Immer war. Immer bleiben wird. Und dass er die Gerüchte über mich und seinen Tenor-Kollegen an der Met gehört hat. Er binsenweisheitet mir nämlich ins Ohr: „Die beste Möglichkeit, über einen Mann hinwegzukommen, ist die, zügig unter einen anderen zu rutschen." Er küsst mir die Schulter.

Yves, der Radames auf meinem Schoß abgesetzt hat und auf allen Vieren durch meine Garderobe gekrochen ist, springt auf. „Igitt, alte Menschen, die über Sex reden ... das ist mein Stichwort. Ich geh' dann jetzt besser. Ich hab' im *Café Bazar* einen Außentisch reserviert. Falls du meinen Schlüsselbund hier findest, Pauly, dann bring ihn auf dem Weg zur Villa dort vorbei, okay? Okay ... dann bin ich jetzt weg."

Und das ist er auch. So gern er Zärtlichkeiten austeilt, so ungern wohnt er einem Austausch von Liebesbeweisen bei – da ist er ganz unfranzösisch prüde.

Jimmy küsst und gurrt dort weiter, wo er aufgehört hat: „Du erinnerst dich doch sicher an die Freuden, die ich bescheren kann, oder? Ich will nicht sagen, dass ich einen durchtrainierten Power-Penis besitze, aber ich nenne ich schon gern liebevoll meinen *Tortenheber*." Er grinst. „Mein Zauberstab wird dich in nie gekannte Höhen heben. Und deinen Liebeskummer auf Nimmerwiedersehen verschwinden lassen. Großes Pfadfinderehrenwort."

Ich schlage spielerisch mit meiner Haarbürste nach ihm und verfehle ihn nur knapp.

„Du bist ein Schwein, und das ist sexuelle Belästigung am Arbeitsplatz", brumme ich. Ich brumme es halbherzig.

Unter anderem auch deshalb, weil Jimmy sich mittlerweile quer über meine Nackenregion küsst und seine Bartstoppeln wohlige Schauer durch meinen Körper wallen lassen. Während er mich mit seinem pheromongetränkten Sabber befeuchtet, schleckt Radames, der jetzt auf meinem Schoß steht und sich mit den Vorderpfoten an meinem üppigen Busen abstützt, seinerseits Jimmys Hals.

Radames empfindet für Jimmy echte Männerliebe. Völlig grundlos, eigentlich. Jimmy hat ihm noch nie ein Leckerli zugesteckt oder ihn auch nur männlich-markig ein Stöckchen apportieren lassen. Aber Jimmy strahlt etwas aus, das offenbar niemanden unberührt lässt – Frauen, Männer, die Schicksalsgöttinnen, Hunde.

Ich kann im letzten Moment gerade noch ein Schnurren unterdrücken.

Jimmy riecht gut. Ich habe ein großes Faible für duftende Männer. Und er hat ja nicht ganz unrecht: Das Leben muss weitergehen. Bei Jimmy weiß ich wenigstens, woran ich bin. Bindungsloser Gute-Laune-Sex.

„Was hältst du davon, wenn wir in meine Wohnung gehen und ich für dich koche? Du weißt doch, wie gut ich am Herd bin?" So, wie er es sagt, klingt es eindeutig zweideutig.

„Du teilst dir eine WG mit Harry und Branwen", halte ich dagegen. „Deren Präsenz empfinde ich als lusttötend."

„Branwen will *Hämmerle* leerkaufen, und Harry trifft sich mit seinem alten Gesangslehrer, der extra aus Graz angereist ist. Wir sind ganz für uns." Jimmy knabbert an meinem Ohrläppchen. *„Well,* meine Schöne, was sagst du dazu?"

Es ist zwar schon fünfzehn Jahre her, aber ich erinnere mich noch gut an meine Affäre mit Jimmy. Während unserer Zeit an der Juilliard. Damals, mit knapp über zwanzig, war er, was die Zahl seiner Liebschaften anging, schon im dreistelligen Bereich. Ich hatte geglaubt, dass einer wie er – quasi der Formel-1-Rennwagen unter lauter VW Käfern – der größte Liebhaber aller Zeiten sein müsse, auf einer Stufe mit Casanova, so versaut wie die Tante, die *50 Shades of Grey* geschrieben hat. Schlimmer. Pervers wie der Marquis de Sade und mit einem Stehvermögen, das ihm, wäre die horizontale Disziplin olympisch, mehrfach die Goldmedaille eingebracht hätte. Aber – aufgemerkt, hier gibt es was zu lernen! – wer viel Sex hat, ist deswegen noch lange nicht gut darin. Im Gegenteil, wer ständig wechselt, muss sich nie bemühen, das Standardrepertoire aufzupimpen, um einen anderen Menschen glücklich zu machen – die Nächste liegt ja schon in den Startlöchern. Quantität ist nicht gleich Qualität!

Dennoch kämpfe ich mit mir. Auch wenn Jimmy immer alle Herzen mühelos zugeflogen sind wie die gebratenen Tauben im Schlaraffenland und er deshalb gerade mal die Basisnummer mit leichten Abweichungen beherrscht, ist es hier und heute womöglich genau das, was ich brauche. Wie die Amerikaner so schön sagen: *Wham, bam, thank you, M'am.* Nur umgekehrt. Ein leichter Snack für Zwischendurch. Absolut kalorienfrei.

„Ich könnte dir einen leichten veganen Salat zaubern. Mit meinem berühmten Aphrodisiaka-Dressing." Jimmy richtet sich auf und nimmt mir den hechelnden Radames ab. „Schau, dein Hund ist dafür!"

Das winzige Schwänzchen von Radames wirbelt mir wie ein Ventilator Frischluft zu.

Verräter!

„Also schön, aber ich will kein Wiederkäuerfutter. Ich will Spaghetti Bolognese. Mit viel Hack. Und wir gehen getrennt. Mir ist es lieber, wenn wir die Gerüchteküche nicht anheizen."

Als ob sich die vielen Helfer hinter den Kulissen sowie sämtliche Kollegen, Chormitglieder und Musiker nicht schon längst das Maul über uns zerreißen würden. Meine Ankleiderin hat gesehen, dass Jimmy meine Garderobe betrat. Das reicht als Initialzündung. Und nicht einmal das Licht ist so schnell wie ein brühwarm erzähltes Gerücht im Festspielhaus.

„Spaghetti Bolognese?" James lacht, während er mir seine Adresse und eine kurze Wegbeschreibung auf einen Notizzettel kritzelt. Sein ziselierter Adoniskörper hat seit Jahren keine Kohlehydrate mehr gesehen. Er ist nicht das Produkt guter Gene, sondern strenger Ess-Askese. Und natürlich der vielen Ausdauergymnastik in der Horizontalen. „Mit viel Hackfleisch? Muss es für dich wirklich immer *Fleisch* sein?" Er zwinkert mir verschwörerisch zu und klingt schon wieder äußerst anzüglich.

„Ich entstamme eben einer anderen Generation. Wir haben noch normal gegessen und nicht dauerdiätet", lästere ich, weil auch Jimmy etwas jünger ist als ich. „Aber selbstverständlich gibt es bei mir auch fleischlose Tage. Ich weiß noch, wie wir 1917 an der Somme lagen und die Gulaschkanone im Schlamm steckenblieb."

Jimmy zieht meine Rechte an seine Lippen und küsst sie. Verheißungsvoll. „Ich werde deinen Bedarf nach ... äh ... Frischfleisch decken, das schwöre ich bei meinem Leben." Er wirft sich in Musketierpose und hebt zweimal in rascher Folge die Augenbrauen, was eher an Privatdetektiv Magnum erinnert als an d'Artagnan, was ich aber trotzdem mit einem wohligen Prickeln zur Kenntnis nehme. „Wohlan, Mylady, Ihr Wunsch ist mir Befehl! Ich eile."

Und er eilt.

Hinaus auf den Flur.

Nur um gleich darauf den Kopf wieder durch die Tür zu stecken und mit seiner melodischen, weit tragenden Tenorstimme weithin hörbar zu rufen: „*Cara mia*, bringst du etwas zu trinken mit? Einen leichten Sommerwein? Gibt's in dem Supermarkt in der Kaigasse, direkt auf dem Weg zu mir."

So viel zum Thema Diskretion und Gerüchtevermeidung.

Es ist ein herrlicher Tag. Nicht so brütend heiß wie gestern, einfach nur sommersonnigschön.

Ich beschließe, zu Fuß zu gehen. Heute mit einem riesigen gelben Strohhut zur übergroßen Audrey-Hepburn-Sonnenbrille. So weiß zwar selbst der dümmste

Tourist, dass es sich bei mir um eine Berühmtheit handeln muss, aber bis sie mich erkannt haben, bin ich hoffentlich schon auf und davon.

Jimmy, Branwen und Harry teilen sich für ihre Zeit in Salzburg ein kleines Häuschen an der Nonnbergstiege. Jimmys Zettel mit der Wegbeschreibung habe ich in meiner Garderobe gelassen – ich verlasse mich lieber auf das GPS-System meines iPhones.

Das Häuschen soll entzückend sein, wie mir berichtet wurde. Zu Füßen des Klosters, in dem schon Maria von Trapp kurzzeitig als Nonne wirkte, bevor sie sich dann den Kindern des verwitweten Barons von Trapp widmete und sie allesamt singend und tanzend zur Vorlage für mein Lieblingsmusical *The Sound of Music* wurden. Beichte: Ich kenne jeden einzelnen Liedtext des Musicals auswendig, und bevor ich die Stadt an der Salzach verlasse, werde ich definitiv an einer Busrundreise zu den Drehorten des Films mit Julie Andrews und Christopher Plummer mitmachen – Hellbrunn, Mondsee, Mirabellplatz – ich komme!

Es ist nicht wirklich weit vom Festspielhaus zur Nonnbergstiege. Wie ja im Herzen von Salzburg nichts wirklich weit ist. Eine entzückende Kleinstadt wie aus dem Bilderbuch. Was auch gut ist, denn meine Armani-Sandalen sind einen Tick zu klein – genauer gesagt: eine halbe Größe. Gott sei Dank stehe ich bald vor dem Supermarkt, den Jimmy erwähnte, binde Radames vor der Tür an und kaufe einen leichten Weißwein aus dem österreichischen Weinviertel und fertiges Tiramisu, weil ich sicher bin, dass es bei Kalorienverächter Jimmy keinen süßen Nachtisch geben wird. Er denkt bestimmt, *er* reiche als Dessert aus. Ich sehe das anders.

Eine Treppe führt in die steil ansteigende Gasse. Radames zerrt eifrig die Stufen hoch, als ob er Jimmys Hackbällchen schon riechen könnte, und gleich darauf haben wir das lärmige Städtchen hinter uns gelassen und befinden uns – auf der schmalen, gepflasterten Stiege – in einer anderen Welt.

Das WG-Häuschen liegt fast am Ende des Weges und erinnert an ein Lebkuchenhaus, nur ohne Lebkuchen – es ist überall dort, wo es nicht von Efeu überwuchert ist, zuckergussrosa gestrichen und hat ein anthrazitgraues Schindeldach.

Die Eingangstür, die nur angelehnt ist, ist so niedrig, dass sogar ich mit meinen moderaten einhundertfünfundsiebzig Zentimetern den Kopf einziehen muss, um nicht anzustoßen. Hier scheinen die Zwerge aus dem Zwergerlgarten der Mirabellanlage zu Hause zu sein. Eigentlich das ideale Heim für Bröcki.

„James, ich bin da-ha", tiriliere ich.

Radames hechelt durch den Vorraum, der gar nicht so dunkel ist, wie man angesichts von Lage und Architektur denken könnte, weil sich direkt gegenüber dem Eingang eine hangabwärts gerichtete Fensterfront befindet und somit reichlich Licht hereinfällt.

„Jimmy?"

Na schön, ich habe vielleicht etwas länger gebraucht, als der normale Durchschnittsmensch – trotz Einkehr in den Supermarkt – vom Festspielhaus zur Nonnbergstiege gebraucht hätte. Aber ich bin ja auch kein normaler Mensch. Und schon gar nicht durchschnittlich. Bis ich mich frisch gemacht habe, dann noch der Divenzuschlag von mindestens einer Viertelstunde, plus den endlosen Minuten, die Radames unterwegs reviermarkierend im Bogengang vor der Buchhandlung Höllrigl verbrachte ... das sum-

miert sich. Außerdem dauerte es eine gefühlte Ewigkeit, bis ich meine Glücksbärchi-Unterhose gefunden
hatte. Ich weiß, was Sie jetzt denken: Welche Frau,
die von einem heißen Verführer flachgelegt werden
will, entscheidet sich gegen den sexy String-Tanga
und für den abtörnenden Omaschlüpfer? Ich sage
nur: Bridget Jones! In *Schokolade zum Frühstück* lan-
dete Rene Zellweger alias die Heldin erst mit Hugh
Grant in der Horizontalen, als sie ihren unerotischs-
ten Schlüpfer trug. Ich will kein Risiko eingehen.
James ist wie der Blitz – er schlägt nie zweimal an
derselben Stelle ein. Böse Zungen behaupten, dass er
deswegen Irland verlassen musste: Es gab dort keine
Frau mehr, mit der er nicht schon geschlafen hatte.
Die Glücksbärchis werden auf magische Weise dafür sorgen, dass er denselben Berg zweimal besteigt.
Hoffe ich.

Vorausgesetzt, ihm ist in den vergangenen sechzig
Minuten kein anderes Opfer über den Weg gelaufen.

Sich bei Jimmy zu verspäten, ist nicht ungefähr-
lich. Einer wie Jimmy bringt es selbst während der
akademischen Viertelstunde fertig, jemand anderen
aufzureißen, ganz zu schweigen von einer Stunde –
eine verirrte Touristin, die Postbotin, zwei Zeuginnen
Jehovas, die eigentlich nur über Gott reden wollten
und denen er nun die Segnungen des flotten Dreiers
nahebringt. Diesbezüglich gleicht James O'Shay einer
fleischfressenden Pflanze – er muss sich nicht fortbe-
wegen, seine Beute kommt zu ihm.

„Jimmy? Es riecht köstlich!"

Das stimmt. Es duftet nach Fleisch. Sehr beruhi-
gend. Wenn er nämlich gerade meine Hackbällchen
zubereitet, dann kann er nicht zeitgleich eine Fremd-
frau beglücken. Das schafft nicht einmal Jimmy.

Radames läuft voraus. Mit seinem feinen Näschen hätte er auch Trüffelschwein werden können. So lasse ich mir von ihm den Weg zur Küche zeigen, vorbei an der Wendeltreppe, die nach unten führt. Zu den drei Schlafräumen, wie ich vermute.

Die Küche ist gleich rechts. Sehr klein, aber entzückend, ebenfalls mit Blick auf die Dächer Salzburgs. Normalerweise meide ich Küchen wie der Teufel das Weihwasser. Wenn ich etwas Warmes essen will, gehe ich aus. Aber bei privaten Einladungen habe ich natürlich nichts dagegen, mit einem schönen Glas Wein in der Hand dem Hausherrn beim Schnippeln, Raspeln und Köcheln zuzusehen.

„Ich habe Wein dabei", sage ich beim Eintreten und halte die Flasche hoch, aber Jimmy ist nicht in der Küche. Ich bleibe stehen und lausche. Ja, von unten dringt das Plätschern einer Dusche an mein Ohr. Aha, schlussfolgere ich, er hat küchentechnisch alles vorbereitet und bereitet nun sich für mich vor.

Braver Junge!

„Kochst du für zehn?", rufe ich in den Flur, wobei er mich wegen des Wasserrauschens zweifelsohne gar nicht hören kann. „Warum so ein großer Topf?" Ich stelle den Wein und das Tiramisu auf dem Küchentisch ab und trete an den Herd.

Höchstwahrscheinlich hat sich Jimmy bei der Menge an Spaghetti schon etwas gedacht. Er kennt mich. Er weiß, dass ich keine Audrey Hepburn bin, die – wie es Sophia Loren kolportierte – nach einem einzigen Salatblatt mit einem Klecks Hüttenkäse darauf erklärte, sie sei pappsatt.

Radames stützt sich mit den Vorderpfoten am Herd ab und hechelt in Richtung des riesigen Kochtopfes, in dem ihn seine untrügliche Spürnase die

Spaghetti mit den Hackbällchen vermuten lässt. Sein Näschen irrt sich nie.

„Weg vom Herd, mein Schnuffelbär!" Nicht auszudenken, wenn der Topf aufgrund eines Erdbebens plötzlich vom Herd springen und sein kochend heißer Inhalt meinen kleinen Hundeschatz verbrühen würde. Wann hat in Salzburg die Erde zuletzt wegen tektonischer Plattenverschiebung gebebt und Töpfe zum Pirouettendrehen gebracht? Egal, der Hund muss da weg.

Radames gehorcht mir natürlich nicht. Wie auch? Aufgrund meiner zahllosen Reisen war nie Zeit für den Besuch einer Hundeschule. Also hebe ich ihn hoch und somit in Sicherheit. Der windet sich, schiebt sein plattes Schnäuzchen dem Topfdeckel entgegen. Was soll's, denke ich, es kann ja nicht schaden, wenn ich meinem Süßen vorab ein Hackbällchen zukommen lasse, die werden schon nicht abgezählt sein.

Also lüpfe ich den Deckel und ...

...

...

... und selbstverständlich verliere ich niemals die Beherrschung, ich bin schließlich Profi, manchmal kann ich sie nur nicht gleich finden. Wie schon bei der Maus und der plötzlich mit Mäuseohren auftauchenden Kollegin.

Ergo kollabiere ich nicht, ich koloraturiere. Ein „Aaaah!" von hohem Tonumfang und gleichzeitig agil, einer dramatischen Koloratursopranistin würdig. Tragfähig und mit Durchschlagskraft!

Radames in meinen Armen kläfft einmal kurz auf – sicher nicht aus demselben Grund wie ich, sondern weil er, an meinen wogenden Busen gepresst, die volle Breitseite meines Resonanzkörpers abbekommt –, dann sackt er narkoleptisch weggetreten in sich zusammen.

Wie gern hätte ich es ihm gleichgetan. Der Anblick ist nichts für meine schwachen Nerven.

Spaghetti, ja.

Hackbällchen, auch.

Aber zusätzlich ein menschlicher Kopf.

Um genauer zu sein: der Kopf von James ‚Jimmy' O'Shay.

Ich verstumme, schlucke schwer, lege meinen komatösen Liebling vorsichtig neben dem Wein auf dem Küchentisch ab und taumle nach hinten an die Wand, wo ich erst einmal zu Atem kommen muss.

Mittels Luftholen zur inneren Mitte finden.

Man hört nur meinen rasselnden Atem und das Rauschen der Dusche.

Plötzlich überkommt mich eine grausame Erkenntnis: Im Topf köchelt Jimmys Kopf vor sich hin. Falls also nicht Jimmys schädelloser Torso unten im Badezimmer eine Dusche nimmt, dann muss es der Mörder sein, der sich Jimmys Blut vom Körper seift.

Ich ziehe mein Handy aus der Handtasche und wähle mit zitternden Fingern ...

... nein, nicht die Notrufnummer.

Die Nummer meiner Agentin Bröcki.

Wie lange noch, bis Hilfe kommt?

Bröcki – meine pragmatische, wunderbare, durch nichts aus der Ruhe zu bringende Bröcki – hat versprochen, sie würde sich um alles kümmern, ich solle mich nicht vom Fleck rühren. Gleich bin ich viel entspannter.

Ich atme auch schon etwas ruhiger – das funktioniert, solange ich nicht zum Topf schaue.

Es kann nicht lange dauern, bis Polizei (mit den Handschellen für den Täter) und Sanitäter (mit dem Valium für mich) hier sind. Salzburg ist klein. Der Unmensch, der diese entsetzliche Tat verübt hat, wird nicht ungestraft davonkommen. Gleich legen ihn die Häscher in Bande, um mit Schiller zu sprechen.

Aber dieses *gleich* zieht sich.

Keine Ahnung, ob sich die Wahrnehmung der Zeit unter Schock verändert, sich kaugummiartig zäh und scheinbar endlos dahinzieht, jedenfalls werde ich irgendwann des Wartens müde.

Ich wähne mich sicher. Relativ sicher. Der Täter weiß ja nicht, dass ich da bin. Er kann mich nicht hinterrücks überraschen, wie er es mit Jimmy getan haben muss.

Es ist natürlich schon einer der Momente, wo ich mir wünsche, ich hätte als vierbeinigen Beschützer einen echten Wolf und keine völlig überzüchtete Miniaturausgabe mit Narkolepsie. Aber ich bin eine Powerfrau, ein Vollweib – wenn ich einen Superhelden brauche, mutiere ich selbst zu einem.

Ich greife mir also den erstbesten Gegenstand – ein Nudelholz, das gut in der Hand liegt –, führe die kurze Kraftatmung durch, die ich vor Auftritten anzuwenden pflege, und schleiche mich in den Vorraum. Unten tost das Wasser niagarafallgleich. Eine böse Verschwendung: Jeder weiß doch, dass man während des Einseifens das Wasser abdreht. Jimmy – der definitiv nicht in Frieden ruhen, sondern bestimmt noch viele Jahrzehnte als kopfloser Geist wie der ‚hessische Reiter' nächtens die künftigen Bewohner dieses Hauses verschrecken wird – hat seinem Mörder offenbar nicht anvertraut, dass er Besuch erwartet. Anders ist diese seelenruhige Hygieneaktion nicht zu erklären.

Oder aber der Mörder leidet unter einer Zwangsstörung und kann nicht anders, als nach jedem Mord gründlich zu duschen.

Als ich die erste Stufe der Wendeltreppe betrete, macht es ein knarzendes Geräusch.

Mir stockt der Atem. Abrupt bleibe ich stehen und lausche. Man hört nur Wasserrauschen.

Vorsichtig schleiche ich mich Stufe um Stufe nach unten. Vorsichtig, aber knarzend. Als die Goldene Horde, aus der Mongolei kommend, im 13. Jahrhundert in Westeuropa einfiel, war sie leiser als ich gerade. Aber das ist nun mal nicht zu ändern: Die Treppe ist alt, und ich habe schwere Knochen.

Meine Handflächen schwitzen. Hoffentlich flutscht mir das Nudelholz nicht aus den Händen, wenn ich damit den Mörder niederknüpple. Denn genau das habe ich vor: Rache für Jimmy! Gewaltfreiheit à la Gandhi geht mir in diesem Moment am gut gepolsterten Podex vorbei.

Einen Stock tiefer wundere ich mich, wie klein hier alles ist. Fast schäme ich mich für meine vertraglich ausgehandelte, zweihundert Quadratmeter große Divenwohnung mit Salzachblick. Aber nur fast. *Après moi le déluge.*

Die Türen zu den drei Schlafzimmern stehen offen, die Tür zum Badezimmer ist angelehnt. Es zeugt von der Entschlossenheit meines Rachedursts, dass ich nicht erst einen neugierigen Blick in die Privatzimmer von Harry, Jimmy und Branwen werfe, sondern mich wie ein Ninja – na gut, ein Ninja Turtle, vermutlich Michelangelo – auf Zehenspitzen zur Badezimmertür schleiche. Ich werde eins mit der völligen Lautlosigkeit. Im Grunde ist es nur eine Frage des Willens.

Ich. Bin. Die. Stille.

Bis meine in aller Welt berühmte Sopranstimme die Koloraturpassage aus der Wut-Arie der *Königin der Nacht* schmettert.

Mehr als alles andere wünsche ich mir in diesem Moment einen anderen Klingelton.

Nicht, dass ich mich schäme – personalisierte Klingeltöne dürfen gern dem Ego schmeicheln und keine hat die Wut-Arie je so wütend gesungen wie ich –, aber es hätte gern etwas Unauffälligeres sein dürfen. Oder ich hätte gleich nach dem Anruf bei Bröcki daran denken können, mein Handy auf lautlos zu schalten.

Nun ist es zu spät.

Radames ist aus seinem Narkolepsiekoma erwacht und nimmt angesichts des Handyklingelns kläffend am Treppenkopf Aufstellung. Allein traut er sich nicht an den Abstieg auf der schmalstufigen Wendeltreppe.

Meine Stimme dröhnt weiter aus dem Handy, weil ich es mit der zitternden Linken nicht schaffe, auf stumm zu schalten.

Es nützt nichts: Das Schicksal zwingt mich zum Handeln.

Ich hole tief Luft, reiße die Badezimmertür auf und stoße einen Samurai-Krieger-Kampfschrei aus, der meinen Gegner bis ins Mark erschüttern soll.

Aber es gibt keinen Gegner.

Das Bad ist leer, die Dusche rauscht ins Leere.

Nun ja, nicht ganz ins Leere. Ein einziger Blick genügt, um mich überdeutlich wissen zu lassen, wo der Mörder den armen Jimmy geköpft hat. In der Duschwanne. Die trotz des aufgedrehten Duschkopfs immer noch über und über rot ist, weil es aus dem kopflosen Körper weiterhin herausblutet. Und über den Duschwannenrand auch auf den Boden.

Auf dem eine Kettensäge liegt, die ich ganz spontan für die Tatwaffe halte. Sie ist noch eingeschaltet, gibt aber nur leise glörpsende Geräusche von sich – der Akku ist offenbar leer.

Ach herrje, denke ich noch, dann schwinden mir die Sinne und ich rutsche im Zeitlupentempo auf den Fliesenboden.

Den blutüberströmten Fliesenboden.

Das wird Flecken geben ...

„Sie haben ja ein schönes Brett vor dem Kopf. Gestatten Sie mir, noch einen weiteren Nagel einzuschlagen? Sie finden nicht, dass Sie sich durch Ihr Verhalten verdächtig gemacht haben?"

Ich sitze – blutbefleckt – auf den Steinstufen vor dem Haus. Bröcki fächelt mir mit der flachen Hand Luft zu.

„Wie bitte? Nur weil ich denke, dass ich mich – angesichts der Umstände – absolut korrekt verhalten habe?" Es ist nicht einfach, einen ermittelnden Kommissar von oben herab anzuschauen, wenn er sich in seiner imponierenden Gesamthöhe von über ein Meter neunzig vor einem aufgebaut hat.

„Absolut korrekt?" Beinahe entgleitet ihm sein Pokerface. „Wo soll ich anfangen, gnädige Frau? Sie finden einen Kopf in einem Topf. So weit, so schlimm. Anstatt sofort das Haus zu verlassen und sich in Sicherheit zu bringen, sehen Sie sich noch ein wenig am Ort des Geschehens um und kontaminieren fröhlich den Tatort." Er schnaubt. „Kommt Ihnen das nicht zumindest ansatzweise dämlich vor?" Er schnaubt erneut. „Und zu allem Überfluss haben Sie auch noch Ihre Freundin herbeitelefoniert, um den Spaß mit ihr zu teilen."

„Ich bin nicht ihre Freundin!", herrscht Bröcki ihn an.

Sie ist ja – genetisch bedingt – noch viel tiefergelegt als ich, aber egal wie groß ihre Gegner sind, sie hat niemals Angst. Manchmal glaube ich sogar, Größe fordert sie eher heraus. Trotzdem hätte sie nicht ganz so angewidert von sich weisen müssen, dass sie meine Freundin ist.

„Ich bin die persönliche Agentin von Frau Miller. Hier ist meine Karte." Sie hält ihm das eierschalenfarbene Rechteck hin, auf dem nichts weiter steht als ihr Name und *Künstleragentin*. Bröcki glaubt, je weniger auf einer Visitenkarte steht, desto wichtiger ist ihr Besitzer. Wirklich wichtige Menschen haben gar keine Visitenkarte, die kennt man ohnehin oder kann sie mühelos googeln. Nur Krethi und Plethi schreiben halbe Romane auf ihre Visitenkarten. „Frau Miller war verständlicherweise entsetzt angesichts dieses Fundes und brauchte bis zum Eintreffen Ihres Krisenseelsorgers moralische Unterstützung. Der immer noch nicht hier ist, wie ich anmerken möchte."

Laurenz Pittertatscher – so heißt der Kommissar – rollt mit den Augen. „Noch ist nicht klar, ob es sich bei Ihrer ..." Er zögert, überlegt wohl, wie man jemand nennt, der von einer Künstleragentin betreut wird: Mandantin? Klientin? Kundin? Dingsbums? „... ob es sich bei Frau Miller nicht womöglich um die Täterin handelt, und sie ..."

„Frau Miller ist eine international bekannte Opernsängerin! Wie können Sie glauben, sie sei die Täterin?", empört sich Bröcki.

„... und sie die Exekutive nur verständigt hat, um von sich abzulenken", fährt er ungerührt fort. „Wie ich anmerken möchte, ist sie blutgetränkt. Der Ohnmachtsausrutscher im Badezimmer könnte vorgetäuscht sein, um davon abzulenken, dass schon bei der Tat eine Blutfontäne auf sie gespritzt ist. Apropos Kleidung, wir benötigen für die Spurensicherung alles, was Sie gerade am Leib tragen."

Bröcki plustert sich auf, fällt aber gleich darauf unter dem stechenden Blick der bebrillten Kommissar-Augen in sich zusammen – und hält den Mund.

Was soll das? Grübelt sie etwa über die Möglichkeit nach, dass ich als Mörderin tatsächlich nicht gänzlich auszuschließen sein könnte? Bloß weil ich hin und wieder – und wirklich nur aus gutem Grund – Wutanfälle wie Naomi Campbell bekomme und mit Gegenständen nach ihr werfe. Aber nie mit etwas Schwerem wie einem Bügeleisen, nur mit Zierkissen oder Pappbechern! Das hat man nun davon, eine Frau von Gefühl zu sein.

Nur Radames steht wie eine Eins hinter mir. Also nicht buchstäblich, mehr so bildlich. Weil er im Moment nämlich direkt vor mir steht und hingebungsvoll die roten Converse-Sneakers des Kommissars abschleckt. Die Lücke, die der tote Jimmy in seinem kleinen Hundeleben hinterlassen hat, wird übergangslos geschlossen. Radames mag Männer.

„Ich habe Jimmy nicht umgebracht", erkläre ich für die Akten. Dass ich nicht blutgetränkt wäre, wenn er sich ein bisschen mehr beeilt hätte, weil ich dann gar nicht dazu gekommen wäre, das Badezimmer zu inspizieren und in Jimmys Blut zu kollabieren, lasse ich lieber unerwähnt. Obwohl es mir spitz auf der Zunge liegt. „Meine Agentin habe ich reflexartig angerufen – ich kenne die Notrufnummer von Österreich gar nicht. Außerdem ist sie der einzige Mensch hier in Salzburg, der mir in diesem düsteren Schicksalsmoment eine Stütze sein kann. Ich bin unschuldig."

„Darüber reden wir noch. Im Moment will ich nur wissen, ob Sie irgendetwas am Tatort verändert haben."

Bröcki lässt meine Hand los und steht auf. „Sollte für dieses Gespräch nicht ein Anwalt anwesend sein?", fragt sie.

Wenn sie steht, reicht sie Pittertatscher gerade mal bis zum Schritt. Das kann in einem Mann schon gewisse Ängste auslösen. Also, natürlich auch Hoffnungen. Aber in einem solchen Moment doch eher Ängste. Die bissige Bröcki hat durchaus was von einem Pitbull. Wirklich gute Agenten müssen so sein.

„Sagen *Sie* mir, ob Frau Miller einen Anwalt braucht." Pittertatscher zuckt nicht einmal mit den – erstaunlich langen – Wimpern. Der hat keine Angst.

„Ich brauche keinen Anwalt, ich habe nichts getan." In aller Kürze beschreibe ich, wie ich ankam, den Kopf fand und zum Badezimmer schlich.

„Bewaffnet mit einem Nudelholz? Was haben Sie sich dabei gedacht? Wollten Sie dem Mörder eins überbraten?" Pittertatscher schüttelt den Kopf.

Ich schürze die Lippen. Ehrlich gesagt habe ich mir gar nichts dabei gedacht. Es war eher so eine Art Automatismus. Aber das räume ich natürlich nicht ein. Es ist schon erstaunlich, wie sehr man sich in Gegenwart eines Vertreters der Exekutive plötzlich schuldig fühlen kann, auch wenn man gar nichts getan hat.

Bröcki stemmt die Hände in die Hüften. Die Wonder-Woman-Pose beherrscht sie besonders gut.

„Haben Sie eigentlich schon daran gedacht, dass es sich um einen politischen Mord handeln könnte?"

Pittertatscher und ich schauen sie gleichermaßen verblüfft an.

„War Mister O'Shay denn politisch aktiv? Etwa Sympathisant der IRA?", fragt der Kommissar.

„Hallo?" Bröcki schwurbelt ihre Augenbrauen bis zum Haaransatz hoch. „Wenn in der heutigen Zeit ein Mann geköpft wird, noch dazu ein Mann, der in einem Stück mitspielt, in dem eine junge Westeuropäerin in den Vorderen Orient entführt wird, dann muss man doch mal eins und eins zusammenzählen!"

„Sie wollen einen islamistischen Hintergrund andeuten?" Pittertatscher legt den Kopf schräg. Auch deshalb, weil Bröcki mittlerweile drei Stufen höher gestiegen ist, um beim Aufschauen zum Kommissar keine Genickstarre zu bekommen.

„Ich will gar nichts andeuten! Ich habe nur das Gefühl, dass Sie von allein nicht auf alle Möglichkeiten kommen und Hilfestellung benötigen!"

„Hilfestellung? Wir sind hier nicht beim Geräteturnen", brummt Pittertatscher. „Ich mache meinen Job lange genug, um bei einem Mord nicht gleich an die internationale Weltverschwörung zu glauben, sondern erstmal an eine Beziehungstat. Wenn ein Mann tot ist, fragt man am besten seine Frau. Beziehungsweise die letzte Frau, mit der er was hatte. Also, Frau Miller ..." Er schaut zu mir. „James O'Shay ist tot, was haben Sie dazu zu sagen?"

Auf einmal fange ich an zu heulen. Einfach so.

Wie bestimmt Hunderte, wenn nicht gar Tausende Frauen auf diesem Erdenrund, sobald sie vom Ableben Jimmys erfahren. Dicke, fette, mascaraverschlierende Tränen.

Obwohl mir Jimmy doch eigentlich gar nichts bedeutet hat. Er war ein Gelegenheitslover und Kollege. Das muss die Unterzuckerung sein – ich habe seit dem Frühstück nichts mehr gegessen. Hunger lässt mich emotional werden.

Oder es liegt doch daran, dass ich noch nie einen abgetrennten menschlichen Kopf zwischen Spaghetti und Hackbällchen in einem Kochtopf brutzeln sah.

Ich presse mir die Hände vor das Gesicht – und vergesse dabei, dass man mir zu Vergleichszwecken die Fingerabdrücke abgenommen hat und ich nun dank des Fingerabdruckpulvers vermutlich aussehe wie ein Schornsteinfeger.

Wie ein Schornsteinfeger, der nebenher als Schlächter jobbt ...

## Die Lady summt den Blues

Ich trauere der Zeit hinterher, als ich noch trank.

Also letzter Woche.

Jetzt geht das nicht mehr, wegen der Stimme. Vor einer Premiere verbiete ich mir geistige Getränke. Singen ist Spitzensport und erfordert in der Liga, in der ich mich tummle, absolute Disziplin. Und nur Abstinenz gewährleistet die Geschmeidigkeit des unmittelbaren Stimmapparats.

Allerdings hätte ich es nie dringender gebraucht, mich ins Vergessen zu trinken. Vor meinem inneren Auge sehe ich jedoch nicht Jimmys Kopf, wie zartbesaitete Seelen vermuten könnten, nein, schlimmer noch: Ich sehe den Stapel blutgetränkter Kleidung, den die Beamtin, die mich nach Hause begleitet hat, mit zur Spurensicherung nahm. Meine Mutter hatte recht: Man soll immer – immer! – seine gute Unterwäsche tragen. Jetzt wird irgendein Labortechniker meinen ausgeleierten, fleischfarbenen Miederschlüpfer mit Glücksbärchi-Aufdruck zu Gesicht bekommen.

„Was würde ich jetzt nicht für ein Glas Champagner geben!"

Ich liege frisch gebadet – duschen werde ich in nächster Zeit nicht mehr – in einem fliederfarbenen Hauskleid aus Crêpe de Chine hingestreckt auf der Chaiselongue im Salon meiner Salzburger Villenwohnung, wie es sich für eine Diva gehört. Im Übrigen dufte ich auch wie eine Diva, weil ich natürlich ausschließlich das gleichnamige Parfüm von Ungaro verwende. Weshalb ich jetzt – laut Beipackzettel – sinnlich nach Ylang-Ylang von den Komoren und nach florentinischer Iris rieche.

„Grundgütiger, hier stinkt es ja wie in einem Blumenladen. Mein Heuschnupfen bricht aus. Bist du das?", nölt Bröcki, als sie mit ausholenden Schritten und dem Handy am Ohr durch den Salon gelaufen kommt, und schnuppert vorwurfsvoll in meine Richtung. „Was? Ja, ich bin noch dran." Sie tritt hinaus auf den Balkon.

Ich ziehe hinter ihrem Rücken eine Schnute.

Yves kichert und seufzt. „Oh ja, Komatrinken. Wie habe ich es genossen, am Abend auf einen Absinth in meine Stammkneipe in Paris zu gehen und am nächsten Mittag auf Korsika aufzuwachen, ohne zu wissen, was passiert ist." Er gluckst bei der Erinnerung. Der fehlenden Erinnerung.

„Yves, du bist Mitte zwanzig. Wann soll denn bitteschön die holde Zeit deiner Jugend gewesen sein?", frage ich empört.

Er schaut mich unschuldig an. „Vorletztes Wochenende. Bevor wir uns in London getroffen haben und du mich eingeladen hast, dir hier in Salzburg Gesellschaft zu leisten."

Bröcki macht *pscht!* Sie steht jetzt mit ihrem Handy in der offenen Balkontür und lauscht. „Aha. Ist gut. Danke." Sie dreht sich um und streicht sich eine mausbraune Locke aus dem Gesicht. „Die Festivalleitung sagt die *Entführung* nicht ab."

Gelassen nehme ich die Neuigkeit auf. Damit habe ich auch gar nicht gerechnet. So herzlos es klingt, aber in der Welt der Oper gibt es ständig Ausfälle. Mord ist natürlich eher nicht der Grund, sondern Stimmbandentzündungen, Lampenfieberanfälle, verpasste Flieger, buchstäbliche Hals- und Beinbrüche. Bei wichtigen Produktionen gibt es daher immer Zweitbesetzungen. Oder kurzfristig engagierten Ersatz.

„Wer springt für Jimmy ein?", will Yves wissen. Neugier, dein Name ist Mann. „Jonas? Ildebrando? Placido? Juan Diego?"

„Sei nicht albern, Domingo ist als Ersatz zu teuer. Kaufmann tourt gerade mit seinem Crossover-Projekt aus Arien und Popsongs durch Asien. Und Flórez und d'Arcangelo stehen in Paris auf der Bühne. Eine extra für die beiden komponierte, zeitgenössische Oper." Bröcki schiebt mit dem Fuß ihre Plastiktritthilfe vor den Sessel gegenüber der Chaiselongue und klettert auf den Sessel. „Nein, es wird jemand aus der zweiten Reihe. Ein aufstrebender, junger Bayer, der den Belmonte gerade in München gesungen hat und in den nächsten Wochen frei ist. Kein großer Name, zugegeben, aber das ist gut für uns – dann lenkt niemand von dir ab, Pauly." Die Frau kennt mich gut.

Ich seufze.

„Alles wird gut", verspricht Bröcki, und Yves nickt.

„So ein Quatsch. Es wird nie alles gut. Es wird immer alles nur noch schlimmer." Ich drehe ihnen den Rücken zu, nicht bedenkend, dass Radames auf meinem Bauch liegt. Er purzelt von der Chaiselongue, gibt einen ungnädigen, beleidigt klingenden Ton von sich und zieht sich in seinen mit Schaffell ausgelegten Korb unter dem Steinway-Flügel zurück.

„Du solltest jetzt schlafen. Morgen gibt es ein gemeinsames Frühstück mit dem Ensemble, und dann gehen die Proben weiter." Ich kann förmlich spüren, wie Bröcki meinem Hinterkopf ein aufmunterndes Lächeln schenkt.

„Ich werde nie wieder schlafen können!", erkläre ich kategorisch. In mir summt der Blues.

Das fällt dann wohl unter die Kategorie ‚berühmte letzte Worte', denn gleich darauf bin ich eingeschlafen.

Wenn man eine riesengroße Rolex sein Eigen nennt, hat man deswegen noch lange nicht mehr Zeit.

Gefühlte zwei Sekunden später ist Harry Chos goldene Rolex das Erste, was ich sehe, als ich schnöde aus meiner Tiefschlafphase gerissen werde. „Es ist noch nicht einmal neun Uhr abends. Draußen ist es noch hell. Wie kannst du da schlafen?", verlangt Harry zu wissen.

Etwas Nasses schwappt aus einem Glas auf meine Stirn. „Huch, entschuldige", kichert Branwen. Das hat sie doch mit Absicht gemacht!

Hmpf. Schlafentzug und Wasserfolter – kein Wunder, dass ich an Guantanamo denken muss.

Ich rolle mich auf den Rücken und habe das ungute Gefühl, dass mir ein Sabberfaden aus dem Mundwinkel hängt und mir die Lehne der Chaiselongue ein unkleidsames Streifenmuster in die linke Gesichtshälfte eingebügelt hat.

„Wie lange habe ich geschlafen?", frage ich.

„Woher sollen wir das wissen, wir sind gerade erst gekommen." Harry schiebt meine Hüfte zur Seite, lässt sich neben mir schwer auf die Chaiselongue fallen und trinkt sein Glas auf ex.

„Eine Viertelstunde Powernapping", klärt Bröcki mich auf und füllt ihm Champagner nach.

Offenbar hat eine Party angefangen, während ich in die Arme von Morpheus weggeratzt bin.

„Jimmy ist tot", sagt Branwen, die offenbar schon völlig betrunken ist, denn sie sagt es kichernd.

„Ja, ich weiß, ich habe ihn gefunden." Ich setze mich auf. „Was macht ihr hier?"

„Wir suchen Trost in der Herde." Branwen hickst. „Das ist ganz furchtbar, das mit Jimmy. Furchtbar ist das." Entweder verträgt sie nichts, oder sie hat schon kräftig vorgeglüht.

„Außerdem hat uns die Polizei aus unserem Zwergenhäuschen verbannt", brummt Harry, wird gleich darauf rot und sagt zu Bröcki: „Entschuldigung."

„Wieso ‚Entschuldigung'?", fragt Bröcki misstrauisch.

Bevor eine hitzige Diskussion um die politisch korrekte Bezeichnung für Kleinwüchsige und den Gebrauch des Wortes *zwergenhaft* in Zusammenhang mit Dingen in Miniaturgröße entbrennen kann, rufe ich rasch: „Ja und?"

„Wir brauchen ein Bett für die Nacht, ein Dach über dem Kopf, Zuflucht in der Herberge." Harry schaut sich um.

Allein der Salon ist größer als alle Zimmer in ihrem WG-Haus an der Nonnbergstiege zusammen. Die indirekte Beleuchtung lässt die gelbgoldene Tapete besonders luxuriös strahlen, die Bücherwand mit den ledergebundenen Erstausgaben wirkt nicht nur edel, sondern nachgerade royal, und die leise erklingende Klaviermusik – „Metamorphosis" von Philip Glass – trägt zusätzlich zum Zauber des Ambientes bei. Nanu, war das nicht ein Misston? Wer hat denn diese CD eingespielt? Ist ja peinlich. Ich schaue zur Stereoanlage, aber die ist ausgeschaltet. Mein nächster Blick gilt dem Flügel, und ja, da sitzt Yves und streichelt zärtlich über die Tasten wie einst der junge Richard Clayderman, dem er – meine Güte jetzt realisiere ich das zum ersten Mal – unglaublich ähnlich sieht: blonder Pony, blaue Augen, Strahlemannlächeln. Wie alt ist Clayderman? Könnte er, rein rechnerisch, der Papa sein? So eine äußere Ähnlichkeit gepaart mit musikalischem Talent ist doch kein Zufall?

„Und?", reißt Harry mich aus meinen Vaterschaftsüberlegungen. „Bett? Nacht? Asyl? Heute? Hier?"

Nach dem zwar atmosphärischen, aber doch sehr beengten Hexenhäuschen muss es Harry und Branwen hier natürlich vorkommen wie im Paradies. Einem Paradies für die oberen Zehntausend. Genauer gesagt: für die obersten Zehn der oberen Zehntausend.

„Könnt ihr euch nicht ein Hotelzimmer nehmen?", frage ich ungerührt.

„Hallo?", lallt Branwen. „Festspielzeit!"

Das soll wohl heißen, dass es derzeit keine freien Zimmer in Salzburg gibt.

Tja, Pech. In dieser Herberge ist kein Platz, nicht einmal im Stall. Außerdem ist Branwen ja auch nicht mit dem Messias schwanger. Mein schlechtes Gewissen hält sich demzufolge in Grenzen.

Ich mache den Mund auf, um kategorisch zu verkünden, dass wir keine leer stehenden Gästebetten haben, da klingelt es an der Tür.

„Besetzt!", ruft Bröcki. Sie mag keine Besucher. Es kommt schon einem Wunder gleich, dass sie Harry und Branwen hereingelassen hat.

Radames dagegen läuft schwanzwedelnd hinaus in den Flur. Er liebt das Leben und glaubt fest daran, dass jeder neue Tag wunderbare Möglichkeiten bietet und dass jedes Klingeln bedeuten könnte, dass jemand mit einem Wurstzipfel Einlass begehrt.

Yves spielt ungerührt weiter, Bröcki öffnet die nächste Champagnerflasche, Branwen hickst und Harry schmollt.

„Na schön, dann mach *ich* eben auf." Laut ächzend, damit auch ja jeder mitbekommt, wie undankbar mein

Personal ist, schiebe ich meine Beine an Harry vorbei, hieve mich von der Chaiselongue und tapse zur Wohnungstür.

Ich schwöre, im ersten Moment denke ich, dass Gort, der Riesenroboter aus dem Film *Der Tag, an dem die Erde stillstand* gegenüberstehe. Und ich schaue ihm in den Sehschlitz des Helmes, aus dem zweifelsohne gleich ein Laserstrahl dringen wird, der mich pulverisiert.

Mein Gegenüber ist riesengroß und komplett grau, von den Stiefeln bis zum Helm, und hinter ihm schwebt bedrohlich ein gewaltiges, rundes Objekt – sein Raumschiff.

Ein surrealer Moment.

Dann röchelt er mit Darth-Vader-Stimme: „Hallo Schätzchen, ich bin's, der Gisbert."

Ich verharre reglos. So muss sich Lots Weib gefühlt haben, als sie zur Salzsäule erstarrte. Außen hart, innen weicher Kern.

Radames läuft auf das Monster zu und schnuppert an den grauen Beinen, die an Baumstämme erinnern. Vielleicht fühlt sich mein Kleiner deshalb bemüßigt, sie zu markieren. Das kriege ich aber nicht mit, denn ich starre immer noch blinzellos in Gorts Sehschlitz.

Der schiebt die Helmklappe nach oben und klärt mich, jetzt mit normal klingender Stimme, auf: „Du wolltest doch dein Kostüm für den Auftritt geändert haben. Tadaa, schon ist der Gisbert da! Wenn du nach Änderungen verlangst, kommt natürlich der Chef persönlich! Versteht sich von selbst."

Gisbert stemmt die eine Hand in die vorgeschobene Hüfte und wedelt mit der anderen, in der er einen Schweißbrenner hält, durch die Luft.

Das nimmt dem Augenblick nichts von seiner Surrealität.

„Gisbert?", hauche ich.

„Der Nämliche. Darf ich jetzt rein oder was? Deine Nachbarin aus dem ersten Stock ist auch gerade gekommen und hat mich ins Haus gelassen. Gott, was für ein Drachen. Sie sagt, wenn sie nur einen einzigen Ton von hier oben hört, zeigt sie dich wegen Lärmbelästigung an." Er beugt sich zu mir und flüstert: „Also sollten wir jetzt reingehen und gaaanz leise sein."

Ich trete zur Seite.

Er packt sein Raumschiff, das sich bei näherer Betrachtung als mein Reifrock erweist, und zieht es hinter sich her, was einen Heidenlärm verursacht, weil der Rock metallisch klappert.

„Party!", juchzt er, als er sieht, wer sich aller im Salon befindet. Da auf dem Weg von der Wohnungstür zum Salon seine Helmklappe nach unten gerutscht ist, hört man wieder nur das bedrohliche Röcheln eines dunklen Jedi. „Party!"

Alle sind entsetzt.

Yves verhaut sich in den Tasten, Branwen lässt ihr Glas fallen, sogar Harry klammert sich an der Chaiselongue-Lehne fest. Nur Bröcki schenkt unverdrossen weiter ein. Die Frau ist komplett angstfrei.

„Leute", rufe ich, „das ist Gisbert. Er ist hier, um Änderungen an meinem Kostüm vorzunehmen."

Alle atmen auf.

Nur Bröcki nicht, die fragt: „Riecht's hier auf einmal nach Hunde-Urin?"

„Ich rieche nur eine Zwei-Klassen-Gesellschaft", empört sich Harry. „Als *mein* Kostüm geändert werden musste, hatte ich dafür in der Schneiderei zu erscheinen."

„Cool, es gibt Champagner, bekommt der Gisbert auch ein Glas?", fragt Gisbert, der gern von sich in der dritten Person redet, zieht den Reifrock holpernd in die Raumesmitte und nimmt den Helm ab.

Von unten wird an die Decke geklopft. Offenbar sind wir der Nachbarin zu laut.

Das kümmert mich nicht weiter, ich schaue auf Gisberts achtlos und scheppernd beiseitegeworfene Kopfbedeckung. Im hellen Licht des Salons erkenne ich, dass es sich um einen Schweißerhelm handelt.

„Wozu brauchst du, bitteschön, ein Schweißgerät und einen Schweißerhelm?", frage ich und greife nach dem Glas, das Bröcki eigentlich Gisbert hinhält.

„Na, für deinen Reifrock, Liebes. Wenn er kneift, muss er weiter gemacht werden. Und die Stäbe sind aus Metall."

Jetzt begreife ich auch, warum das Teil so schwer ist.

Branwen liegt auf allen Vieren auf dem Teppichboden und fischt nach ihrem Glas, das den Sturz zwar überlebt hat, aber unter die Chaiselongue gerollt ist. „Wie ihr jetzt an Arbeit denken könnt, ist mir schleierhaft", lallt sie. „Jimmy ist tot."

Gisbert seufzt. „The show must go on, Schätzchen. Jimmy hätte es so gewollt." Er entfernt die Schutzhülle vom Reifrockgestell.

Man kann den Reifrock wie eine Gartenpforte öffnen und hineintreten. Gisbert öffnet den Verschluss und sagt zu mir: „Wollen wir, Liebes?"

„Du schweißt aber nicht los, solange ich drinstecke?" Ich schaue ihn zweifelnd an.

Gisbert lacht keckernd. „Du willst es weiter haben, du sollst es weiter kriegen, vertrau mir."

Mir ist schon klar, warum er erstmal alles hyperhauteng auf Körper schneidert: In seiner Vorliebe für Enganliegendes schließt er von sich auf andere. Die graue Jeans, die er gerade zu seinen ebenfalls grauen

Springerstiefeln trägt, ist wie eine zweite Haut. Mich wundert, dass er darin atmen kann. Vermutlich wird es für ihn bequemer in der Hose, sobald seine Eier sterben und abfallen. Falls das nicht schon geschehen ist.

Ich lege den Reifrock an. Mit einem Maßband macht sich Gisbert an meiner Taille zu schaffen. Also ... an dem Teil meines Körpers, wo bei anderen Menschen eine Taille sitzt, bei mir jedoch der Oberkörper nahtlos in die Hüfte übergeht.

„Atme mal heftig, Liebes, damit ich sehen kann, wie stark du dich ausdehnst", nuschelt Gisbert mit einem Marker zwischen den Zähnen.

Branwen, die blöde Kuh, kichert.

Ärgerlich stampfe ich mit dem Fuß auf.

Von unten wird wieder an die Decke geklopft. Bestimmt mit einem Besenstil.

„Was glaubst du, wer Jimmy auf dem Gewissen hat, Gisbert?", fragt Harry, der mittlerweile in Schräglage auf meiner Chaiselongue thront – wie Göttervater Zeus.

„Lenk ihn nicht von seinen Berechnungen ab!", schimpfe ich. „Ich will nicht, dass er sich vertut. Sonst bohrt sich mir bei der Aufführung ein Metallstab in den Körper und ich muss meine Herbst-Engagements absagen!"

„Wär weiter nicht schlimm, dann verklagen wir ihn auf Schadensersatz in Millionenhöhe!", befindet Bröcki und schenkt reihum Champagner nach.

Radames versucht, sich zwischen die Metallstäbe des Reifrocks zu mir ins Innere zu drängen.

„Also, was den Jimmy angeht ... ich glaube ja ...", fängt Gisbert an, nachdem er den Marker aus dem Mund genommen hat. Er spricht zwar von *glauben*, aber seinem Tonfall kann man entnehmen, dass er seine Information direkt aus höchster Quelle hat, quasi vom brennenden Dornbusch persönlich in Stein gebrannt, wie damals die Gebotstafeln von Moses. „... also *ich* glaube ... es war Selbstmord."

Weil Gisbert vor mir kniet und mit dem Marker Striche auf die Metallstäbe malt, bekommt er nicht mit, wie uns tutti completti der Unterkiefer nach unten entgleitet. Sogar Bröcki ist sprachlos.

Ich weiß gar nicht, wo ich bei so viel Dummheit anfangen soll.

„Gisbert", sage ich und schaue auf seine Schädeldecke, die ebenso rasiert ist wie die von Luigi. Die beiden mögen offenbar Partnerlook. Oder Gleich und Gleich verliebt sich gern. „Jimmy wurde mit einer Kettensäge geköpft!"

Gisbert schaut hoch. „Weiß ich doch, Schätzchen." Er markiert weiter. „Wie man hört ... aber von mir habt ihr das nicht, klar? Also, wie man hört, hat Jimmy kein neues Engagement mehr bekommen. Ist ja kein Wunder, er hat mittlerweile bestimmt mit allen Ehefrauen von Opernhausdirektoren weltweit geschlafen. Und mit deren Töchtern. Womöglich sogar mit deren Müttern. Ich urteile nicht, versteht ihr. Das ist einfach nur Fakt. Niemand wollte ihn mehr verpflichten. Und was macht ein Sänger, wenn er nicht mehr singen kann? Eben." Gisbert nickt sich selbst zu.

Radames steckt zwischen den Metallstäben fest und wimmert. Ich kann ihm jetzt nicht helfen, ich muss Gisbert packen und schütteln.

Was ich natürlich nicht tue. Ich sage nur: „Gisbert! Er wurde mit einer Kettensäge geköpft!"

„Ja? Und? Man muss nur die Kettensäge in Gang bringen und am Hals ansetzen. Den Rest macht das Teil quasi von allein ..."

Branwen läuft dunkelgrün an, presst sich die Hand auf den Mund und rennt hinaus. Sie trampelt erstaunlich laut für so ein Leichtgewicht. Die Hexe mit dem Besenstil klopft wieder.

Harry sieht aus, als stelle er sich gerade bildlich vor, wie so eine Selbstköpfung vonstattengehen könnte.

„Gisbert", setze ich an. Ich habe keine Kinder, aber genau so würde ich klingen, wenn ich meinen trotzigen Vierjährigen ermahnen wollte, dass Herdplatten heiß sind und *aua* machen. „Ich will gern zugeben, dass es theoretisch möglich sein könnte, sich in der Duschkabine mit der Kettensäge selbst zu köpfen. Aber ich glaube nie und nimmer, dass man dann hinterher den Kopf noch in die Küche tragen und in den Kochtopf legen kann."

Yves' Finger verharren über den Tasten.

Alle starren mich an. Bis auf Radames, der strampelt und jault.

„Nein!" Gisbert schaut entsetzt, aber wohlig entsetzt. „Ist es so gewesen? Ich habe nur gehört, dass du den Toten gefunden hast, aber dass sein Kopf im Kochtopf gesteckt hat? *Nein!*"

Bröcki, der das nichts Neues ist, sagt: „Ich glaube, das hättest du aus ermittlungstechnischen Gründen nicht weitererzählen dürfen, Pauly! Kommissar Pittertatscher wird nicht erfreut sein."

„Der kann mich mal, der Pitta ... Pitter ..." Genervt schaue ich zur Decke. Und denke gleich darauf, dass Luigi möglicherweise mit seinen Regieanweisungen gar nicht so verkehrt liegt – der Blick nach oben hilft, wenn man von Idioten umgeben ist.

„Wie die Zeit verfliegt, ich muss los", ruft Gisbert gleich darauf, packt Radames um die Körpermitte und ruckelt ihn vorsichtig aus seinem Gittergefängnis heraus. Dann schiebt er mich – weitaus weniger gefühlvoll – aus dem Reifrock, stülpt sich seinen Schweißerhelm über und macht sich abmarschbereit.

„Wohin so eilig?" Ich stelle mich ihm in den Weg.

„Ach", röchelt er mit seiner helmbedingten Darth-Vader-Stimme, „ich schweiße doch lieber in der Schneiderei. Ich will nicht, dass deine zauberhafte Nachbarin sich wegen des Lärms bei offizieller Stelle beschwert."

Und schon ist er weg. Zweifellos, um mit der Welt die brandheiße Information zu teilen, dass Jimmys Kopf auf Stufe zwei durchgegart worden ist.

„Ts, ts, ts", macht Bröcki.

Mein Blick bleibt stur. Ich weigere mich, mir von ihr ein schlechtes Gewissen einreden zu lassen.

Harry packt sich ein Kissen auf den Bauch und verschränkt die Hände darüber. Er sieht aus, als wolle er für heute Nacht schon mal probeliegen. Das muss ich verhindern.

Branwen kommt mit nicht mehr ganz so grünem Gesicht vom Klo zurück. „Ist noch Schampus da?"

Bröcki schüttelt den Kopf. „Der Champagner ist alle." Sie schaut zu mir und liest in mir wie in einem Buch. „Warum suchen wir uns nicht alle eine Tränke, wo er noch fließt?"

Geniale Gelegenheit, meine Kollegen – mitsamt Gepäck – aus dem Haus zu schaffen.

Harry riecht den Braten und stellt sich quer. „Ich bin eigentlich ziemlich erschöpft und würde gern ins Bett gehen."

„Um neun Uhr abends? Es ist noch hell draußen!",
schlage ich ihn mit seinen eigenen Argumenten.

Gesagt, getan.

Gleich darauf sitzen wir in einem Großraum-Taxi.

„Wohin?", fragt der Fahrer.

„Ja, wohin?", fragt Harry. „Kennt sich wer von
euch aus?"

„Ich weiß, ich weiß!", hickst Branwen begeistert.
„Zum *Zirkelwirt*. Luibert schwärmt davon!"

„Wer ist Luibert?", erkundige ich mich.

Branwens alkoholisiertes Hicksen mutiert gerade zu
einem Schluckaufhicksen. Mir ist schleierhaft, wie sie
als Profi-Sängerin vor einer Premiere Alkohol trinken
kann. Noch dazu, wenn sie ihn gar nicht verträgt. Aber
das Verhalten mancher Leute verstehen zu wollen, ist
so, als würde man versuchen, die Farbe neun zu riechen.

„Du weißt schon ... wie Brad und Angelina ... Bran-
gelina."

„Hä?"

„Luigi und Gisbert. Unser Regisseur und unser
Bühnenausstatter. Die nennen jetzt alle nur noch
Luibert. Weil sie doch *ver*... hicks ...*bandelt* sind." Sie
grinst dümmlich.

„Dann ist es also wahr?" Nicht, dass ich auch nur
eine Sekunde lang daran gezweifelt hätte.

„Jimmy hat es mir erzählt. Unter dem ... hicks ...
Siegel der Verschwiegenheit. Oh!" Branwen bekommt
plötzlich große Augen. „Luibert hat herausgefunden,
dass Jimmy das Geheimnis herumerzählt! Und dann
haben sie ihn zum Schweigen gebracht!"

Harry neben uns schüttelt nur den Kopf. „Ja genau.
Oder es waren Aliens."

„Wohin jetzt?", will der Taxler wissen.

„Zum *Zirkelwirt*", befiehlt Bröcki, die vorn sitzt.

„Ich sage nur: *Cherchez la femme!*" Yves kann immer nur an eines denken. Da ist er ganz Franzose. „Es war definitiv ein *crime passionnel!*"

„Ein was? *Crime passionnel*? Klingt wie ein Damenkränzchenlikör", schmettert Harry den Einwurf ab.

„Männer mögen mehr Menschen umbringen, aber Frauen sind grausamer", doziert Yves. „Denkt nur an Lizzie Borden mit der Axt!"

Branwen kurbelt die Seitenscheibe nach unten und hält ihren immer noch leicht grünlichen Kopf in den Fahrtwind.

„Ich habe mir überlegt, ob ich für *Lizzie – The Musical* vorsingen soll – Crossover ist ja total angesagt", schweift Yves ab.

„Das war ein Verrückter, der nur rein zufällig an Jimmy geraten ist", behaupte ich, wieder zum Thema zurückkehrend. Es kann einfach keiner von uns gewesen sein!

„Wieso hätte James einen völlig Fremden ins Haus lassen sollen?", hält Harry dagegen.

„Die Tür war nur angelehnt. Weil er doch wusste, dass ich gleich mit dem Wein nachkomme", mutmaße ich.

„Wer lässt denn die Haustür angelehnt? Nein. Jimmy hat seinen Mörder ins Haus gelassen, weil er ihn kannte. Und der Mörder hat die Tür nicht richtig geschlossen, als er den Tatort verlassen hat." Harry hält an seiner Einschätzung fest.

„Harry!", fauche ich. „Musst du ständig zu allem Nein sagen? Sag doch einfach mal Nein zu deinem inneren Nein-Sager!"

Er beachtet mich gar nicht. „Außerdem hat dieser Kommissar ..."

„Pittertatscher", ruft Bröcki von vorn. Dass sie sich diesen – für Nichtösterreicher zungenbrecherischen – Namen merken kann, ist erstaunlich!

„... hat dieser Pitti ... Pitta ... hat dieser Kommissar, als er mich befragte, zu mir gesagt, dass man an Jimmys Körper keine Abwehrspuren fand. Jimmy muss seinen Mörder also gekannt haben."

„Ich kann das nicht glauben", sage ich. „Jimmy war nur zu überrascht, um sich zu wehren."

„Du *willst* das nicht glauben", sagt Harry.

Wir schweigen kurz, weil das Taxi vor dem *Zirkelwirt* hält. Bröcki zahlt, Yves wuchtet die Reisetaschen von Harry und Branwen aus dem Kofferraum, Harry, Branwen und ich gehen schon vor. Natürlich sind die Freilufttische alle besetzt – wie in ganz Salzburg. Und natürlich werden wir erkannt. Nicht zuletzt deshalb, weil auf Harrys überbreiter Koreanerhemdbrust der Schriftzug *Ich bin ein Opernstar* prangt.

Nach allen Seiten nickend gehen wir ins Innere des *Zirkelwirts*. An der Bar ist noch Platz.

„Eine Flasche Champagner", bestelle ich, weil ich meiner Disziplin überdrüssig bin.

„Und einen Fruchtsaft, irgendeinen, auf einen halben Liter aufgespritzt", ergänzt Bröcki und klettert auf einen Barhocker.

Was ihr nur möglich ist, weil sie einen ihrer Steigbügel mitgebracht hat. So nennt sie die unterschiedlich hohen Klapphocker, die ihr den Alltag erleichtern in einer Welt, die für Menschen ab einem Meter fünfzig gemacht ist. Bröcki ist durch und durch unabhängig – bevor sie sich hochheben lässt, läuft sie lieber mit einer Tritthilfe durchs Leben.

„Seit wann trinkst du Saft?", will ich wissen.

„Der ist für dich. So kurz vor einer Premiere trinkst du mir nicht!"

Champagner und Saft werden serviert. Bröcki prostet Harry und Branwen zu, die sie – anders als mich – nicht vom Alkoholkonsum abhält. Bröcki hat etwas Machiavellistisches an sich. Sie hätte meinen Kollegen auch gut zureden können, im Interesse ihrer Stimmen und ihrer Karrieren lieber nichts Hochprozentiges zu trinken, aber nein, im Gegenteil, sie spornt sie sogar noch an. Teuflisch, meine Kleine! Peu à peu die Konkurrenz ausschalten. Sie ist und bleibt die beste Agentin der Welt.

„Sollen wir Mads anrufen, ob er sich zu uns gesellen will?", schlage ich vor.

„Der skypt mit seiner Familie in Dänemark", berichtet Harry. „Eine seiner Töchter hat heute einen Mathematikpreis verliehen bekommen."

Mads hat nur Töchter, davon aber gleich ein halbes Dutzend. Offenbar entspannt er sich zwischen seinen Engagements an den großen Häusern Europas damit, seine Frau zu schwängern. Nun ja, jeder braucht ein Hobby.

„Und dieser Dings?" Ich kann mir den Namen des Schauspielers einfach nicht merken. „Der mit Spielberg gedreht hat?"

„Wolfgang. Dessen Handynummer habe ich nicht." Harry zuckt mit den Schultern.

Wir schauen zu Branwen.

Es hätte uns misstrauisch stimmen sollen, dass wir schon seit einigen Minuten kein Hicksen mehr gehört haben. Ihr Kopf liegt auf der Theke. Sie schläft.

Harry und ich prosten uns zu.

Ich schaue nachdenklich in mein Saftglas und frage Harry: „Du glaubst doch nicht wirklich, dass Jimmy von einem von uns ermordet wurde, oder?"

„Natürlich nicht. Wann hätte je ein Opernsänger einen Mord begangen?" Harry klingt sehr sicher.

Das beruhigt mich – bis Yves, dieses wandelnde Lexikon unnützen Wissens – einwirft: „Und was war vor ein paar Jahren, als es hieß, dass diese pensionierte deutsche Sopranistin ihren Ehemann umgebracht habe und dann einen Typ von der Straße anheuerte, der ihren Mann beim Notar verkörpern sollte, um ihr eine Generalvollmacht auszustellen?" Er schaut grüblerisch zur Wirtshausdecke, als gehe er gerade wie Moriarty seine Gedächtnisdatenbank durch. Muss ich mir Sorgen machen, dass mein ‚Haus-Eunuch' solche Informationen irgendwo im Hinterkopf gespeichert hat? Hat er das etwa recherchiert, um zu wissen, ob er historisch und geographisch und überhaupt der erste Countertenor wäre, der einen Tenor köpfte? „Oder der Sohn von diesem amerikanischen Bassbariton, der eine Frau, die auf einer Wandertour war, vergewaltigt und ermordet hat?"

„Keiner von uns hier ist verheiratet, und die Kinder von Mads sind noch zu klein für strafrechtlich relevante Taten, eine Wiederholung dieser Fälle können wir also schon mal ausschließen", sagt Harry ungerührt.

„Eben", gebe ich ihm recht. „Das ist doch alles an den Haaren herbeigezogen. Nichts da, denkt an meine Worte: Wer singt, mordet nicht!"

Ich kenne meine Grenzen. Ich schenke ihnen weiter keine Beachtung, aber ich kenne sie.

Obwohl ich angesichts des Drucks der anstehenden Premiere und des Leichenfund-Traumas dringend ins Bett gehöre, trinke ich noch bis nach 23 Uhr einen Saft nach dem anderen, während Bröcki, die Gute, für Harry und Branwen per Handy eine Übernachtungsmöglichkeit organsiert.

Okay, wir hätten Branwen auch einfach schlafend an der Theke zurücklassen und uns davonschleichen können, aber wir sind ja zivilisiert. Jemand von der Festivalleitung konnte noch für eine Nacht zwei Gästezimmer bei Bekannten auftreiben. Morgen würde man weitersehen. Ungewöhnliche Umstände erfordern ungewöhnliche Maßnahmen.

Bröcki und Yves fahren mit den beiden im Taxi los, ich trete den Weg zur Villa zurück zu Fuß an.

Angst vor dem Wahnsinnigen, der Jimmy getötet hat und sich immer noch auf freiem Fuß befindet, habe ich nicht. In der Stadt wimmelt es vor Menschen, die alle gute Laune und ausgelassene Festivalstimmung versprühen. Das mit Jimmy, das war ein Ausrutscher, eine Abweichung von der Norm, ein Störfall des Schicksals. Der Blitz schlägt niemals zweimal in denselben Baum. Von nun an sind wir sicher!

Am mobilen Traditions-Nachtwürstlstand an der Staatsbrücke genehmige ich mir noch eine Lange Scharfe.

Es gibt so Nächte, da muss das einfach sein!

Fast frohgemut schreite ich die letzten Meter nach Hause, mit einer ‚Alles wird gut'-Schrittfrequenz.

Wie sehr Füße sich doch irren können!

## Tot, töter, Tenor

Man sollte doch meinen, wenn ein geliebter Mensch abtritt – okay, wenn jemand, den man einmal sehr gemocht hat, abtritt –, dann würde das Schicksal mittrauern und der Himmel weinen.

Pustekuchen!

Der nächste Morgen ist strahlend schön.

Die Sonne lässt Salzburg glänzen, und wie ein Juwel liegt es zu unseren Füßen, während wir auf der Terrasse des *Hotel Stein* ein spätes Frühstück zu uns nehmen.

Luigi hat irgendwelche Verbindungen spielen lassen, und so sitzen jetzt die reichen Geldsäcke aus Deutschland, die schon vor Monaten ihren Tisch mit Blick für die Festivalzeit reserviert haben, mit beleidigten Mienen drinnen auf den niedrigen Lounge-Sesseln der Bar und balancieren ihre Kaffeetassen und Müslischalen auf den Knien, während wir hier in adäquater Sitzhaltung und mit den Tassen auf dem Tisch die milde Morgenluft und den Blick auf die Festung Hohensalzburg genießen, extra etwas abseits von den anderen Tischen, abgeschirmt durch eine weiße Kordel.

„Ach, die Schicksalsgöttinen ... *dei è mobile* ...", philosophiert Luigi gerade, dem ich mal wieder nicht in die Augen schauen kann, weil ich nicht weiß, welches welches ist. Ich finde ja, sein Glasauge sollte ein Smiley zieren, wie das des Bösewichts in *Last Action Hero*. Um Missverständnissen vorzubeugen.

Alle Promi-Schäfchen von Luigi sind hier vereint, alle außer Jimmy. Der ist ja tot. Das ist schon ein wenig ein Stimmungskiller.

Gisbert – man sieht Luigi nie ohne Gisbert und Gisbert nie ohne Luigi, und mir wird allmählich die

Berechtigung des Spitznamens Luibert klar – stiert finster auf eine Tabelle. Ich tippe mal, dass er gerade die Körpermaße des Neuen bekommen hat und nun ausrechnet, ob es billiger kommt, Jimmys Kostüm für den Ersatz-Bayern umzuschneidern, oder ob er einfach nochmal bei null anfangen und ein neues Kostüm anfertigen lassen soll.

Mads schaut mit verschränkten Armen in die Runde. Man sieht ihm an, dass er jetzt lieber proben würde als hier sinnlos Zeit zu verschwenden.

Unser vollbärtiger Schauspieler – Dings ... äh ... Wilfried? Weigand? Waldemar? – wirkt eher in sich gekehrt, aber er sagt ja ohnehin nie viel. Ohne Manuskript fehlt ihm augenscheinlich die Textvorgabe. Und je mehr Barthaare, desto weniger Hirnzellen. Weiß man doch.

Harry dreht Däumchen.

Branwen trägt Schwarz, mit Spitzenschleier auf der blonden Fönfrisur. Gestern Micky-Maus-Ohren, heute sizilianisches Witwenensemble. Zu jedem Anlass das passende Outfit. Tief getroffen scheint sie aber weder der grausame Tod von Jimmy noch ihr Alkoholkonsum von gestern Abend zu haben, denn sie zieht sich gerade mümmelnd einen Obststeller von der Größe des Großglockners rein. Den sie zuvor fotografiert und auf ihrer Instagram-Seite gepostet hat. Branwen lässt ihre Fans gern an ihrem Leben teilhaben.

„Dass du in so einem Moment essen kannst ...", sage ich in einem Tonfall, der – ganz bewusst – andeutet, wie gefühllos ich es finde, jetzt etwas zu essen. Oder überhaupt je wieder etwas zu essen. Wobei ich mich bestimmt ausgiebig am leckeren Frühstücksbuffet des Hotels bedient hätte, wenn mir nicht die Lange

Scharfe immer noch schwer im Magen läge. Was nicht an der Langen Scharfen liegt, sondern daran, dass ich nach dem Verzehr derselben, noch angezogen und unabgeschminkt, auf meinem Himmelbett eingeschlafen bin und die Wurst folglich unverdaut blieb. Wenn ich schlafe, dann schläft alles von mir, auch mein Magen.

Folglich trinke ich jetzt nur Tee. Für dessen Auswahl ich eine halbe Stunde meditierend vor dem großen Holzkasten stand, in dem das *Stein* an seinem Frühstücksbüffet unzählige Tee-Sorten präsentiert. Ich habe mich dann doch nicht für den Pfirsich-Erdbeere-Lapsang Souchong, zweite Pflückung, entschieden, sondern für einen stinknormalen Assam. Aber wenigstens Bio-Assam.

„Jimmy hätte gewollt, dass es weitergeht", wirft Luigi rasch ein, bevor sich seine Diven gegenseitig die Designerfummel vom Leib reißen. Das wäre zwar medienwirksam, aber wir hatten durch Jimmys Ableben bereits genug Presse.

Wiewohl die Presseabteilung der Festspiele exzellente Vertuschungsarbeit geleistet hat. Bestimmt auf Bitten der Polizei, damit die Ermittlungen nicht gefährdet werden. Jedenfalls wissen die sieben Milliarden Menschen da draußen nur, dass der Tenor James O'Shay einem tragischen Verbrechen zum Opfer fiel. Die Einzelheiten kennen nur wir hier am Tisch. Und natürlich die Ermittlungsbehörden. Und alle, denen Gisbert vom Kopf im Topf erzählt hat.

„Kinder ...", fängt Luigi gleich darauf salbungsvoll an, und es zeigt sich, dass Bröcki recht behalten wird. Er will uns mit einer Motivationsrede zusammenschweißen. „Kinder ..." Er wringt die Hände und schaut gequält. „Kinder, es ist eine Tragödie für die Opernwelt!"

„Mehr noch für die Frauenwelt", lästert Mads, dem ich mal, weil er so sichtlich glücklich verheiratet ist, nicht unterstellen will, er sei neidisch auf die Eroberungen Jimmys gewesen. Aber der Wikinger in ihm hätte bestimmt auch gern hin und wieder rücksichtslos Frauenherzen geplündert.

„Eine furchtbare, furchtbare Tragödie für die *Opern*welt", fährt Luigi unbeeindruckt fort, natürlich von einer seiner berüchtigten Karteikarten ablesend, „ein entsetzlicher Verlust für Fans und Freunde gleichermaßen. James O'Shay wurde in der Blüte seines Lebens ..." Luigi stockt. Tja, am Nebentisch sitzen Kinder. ‚Grausam abgeschlachtet' will ihm daher offenbar nicht über die Lippen kommen, obwohl ich der Überzeugung bin, die Kids von heute, aufgewachsen mit Zombiefilmen und Splattermovies, vertragen weitaus mehr als wir Erwachsenen. „... James O'Shay wurde in der Blüte seines Lebens unversehens von grober Hand gepflückt. Er wird nie wieder blühen."

Da, ein Geräusch. Ist das ein lästerliches Kichern? Oder unterdrückt jemand ein Schluchzen? Weil ich zuerst zu Branwen schaue, die aber ungerührt kernlose Trauben in sich hineinlöffelt, wandert mein Blick zu den Männern. Die wirken unbeteiligt.

Bin ich die Einzige, die Jimmys Ableben bis ins Mark trifft?

Heute Morgen nach dem Aufwachen stand ich kurz davor, das Handtuch zu werfen. Mit der elektrischen Zahnbürste in der Hand und Schaum vor dem Mund war ich in Bröckis Zimmer gestürmt und hatte verkündet: „Ich kann das nicht! Ich bin am Ende!"

Und Bröcki, die gute Seele, fand genau die richtigen Worte: „Wenn du jetzt abreist, sind wir vertragsbrüchig. Dann kriegst du nicht nur kein Geld, sondern

musst auch noch eine sechsstellige Konventional-
strafe löhnen, kommst womöglich auf die Schwarze
Liste der besten Opernhäuser und verbringst den Rest
deines Lebens damit, auf Liederabenden in Senioren-
heimen und Dorfhallen zu performen."

Deswegen sitze ich – das einzige fühlende Wesen
am Tisch – jetzt hier und muss mich für einen Beruf
motivieren lassen, der eigentlich mein Traumberuf ist.
Wenn mir nicht gerade die Erinnerung an den abgetrennten Kopf eines Ex-Lovers die Lebensfreude ver-
dirbt. Vom Appetit ganz zu schweigen.

„Aber ihr wisst ja: *The show must go on!*" Luigi schaut
auf seine Karteikarten. Wo er sonst Regieanweisungen
notiert hat, stehen jetzt Stichwörter für seine Motivationsrede. Ich wette, von der weltweiten Produktion
an unifarbenen, unlinierten Karteikarten landen mindestens 95 Prozent bei unserem Regisseur. Das nächste
Stichwort lautet allem Anschein nach *Nachfolge*.

„James ist nicht mehr." (Unterstichworte: gefühlvoll schweigen, betroffen zum Himmel schauen)
„Aber wir haben uns die ganze Nacht bemüht, einen
Ersatz für ihn zu finden. Und es ist uns auch auf kon-
geniale Weise gelungen!" (Unterstichworte: triumphal schweigen, Pause für etwaigen Applaus einlegen,
dankbar zum Himmel schauen) „Morgen früh schon
stößt er zu uns – Karl Maria Oberhauser!"

Luigi verkündet den Namen wie einen Haydn'schen
Paukenschlag.

Der Schlag verpufft.

Die Runde reagiert nicht.

Branwen mümmelt ihr Obst, Mads, Harry und
Wolfgang gucken männlich, Gisbert rechnet. Ich nippe
ungerührt an meiner Teetasse, weil ich das ja schon
wusste.

Luigi hat sich sichtlich mehr erhofft. „Oberhauser!", wiederholt er und peitscht mit der Hand durch die Luft. „Der gerade furios an der Bayrischen Staatsoper brilliert!"

Auch Luigi hat sich seine allerersten Lorbeeren an der Staatsoper verdient. Ist ja klar, dass so ein ‚Münchner ehrenhalber' einen anderen Münchner verpflichtet. Aber zugegebenermaßen ist diese Aktion nicht nur eine Frage von Vitamin B. Oberhauser, ein ganz Junger, ist tatsächlich äußerst begabt und scheint zudem vom Glück begünstigt – gleich seine ersten beiden großen Rollen sicherten ihm die Aufmerksamkeit der Fachwelt. Ich fürchte ja, wir sind nur neidisch auf diesen Goldbuben. Oder fürchten seine Konkurrenz.

„Millerin, was sagst du dazu?" Luigi geht in die Offensive.

„Nenn mich nicht Millerin!", pflaume ich ihn an. Weil ich nicht sagen will, dass ich Bedenken hege.

Sicher nicht wegen Oberhausers sängerischem Können, mehr wegen seiner Statur. Ich bin ein rubeneskes Prachtweib, er ist ein stattlicher Bigfoot von einem Mann, sogar noch bäriger als Harry Cho. Wenn man es positiv formulieren will. Aber irgendeine Kritiker-Pappnase wird bestimmt süffisant darauf hinweisen, dass diese Aufführung der *Entführung* sehr an *The biggest Loser* oder an *King Kong gegen Godzilla* erinnere. Oder etwas ähnlich Abfälliges mit Bezug auf Populärkultur und Übergewicht.

Vor weiteren Nachfragen, was ich von Oberhauser halte, werde ich durch eine empörte Stimme gerettet.

„Eine Unverschämtheit! Sie wollen mich doch nur nicht auf die Terrasse lassen, weil ich kleinwüchsig bin!"

Alle Augen auf Bröcki.

„Wenn Sie der Ansicht sind, Behinderte würden nicht ins Ambiente Ihres Hauses passen und mein Anblick könnte Ihre Gäste verschrecken, dann sollten Sie das unten am Eingang plakatieren. Ich hätte mir die Fahrt mit dem Aufzug hier hoch sparen können!"

„Aber nein, gnädige Frau, ich sage doch nur, dass wir komplett ausgebucht sind und Sie leider nicht reserviert haben."

Der Maître tut mir leid. Er spricht nicht mit erhobener Stimme, daher kann ich ihn auf diese Entfernung natürlich nicht verstehen, aber ich lese von den Lippen in seinem knallroten Gesicht.

Bröcki ist keine Behinderte. Sie ist kleiner als andere, nicht immer kommt sie an alle Schalter oder Knöpfe, und wenn sie viele Treppen steigen muss, geht ihr das auf den Rücken und in die Knie, aber sie hat sich nie als Behinderte gesehen, und folglich behandeln andere sie auch nicht so. Was sie nicht daran hindert, wann immer es opportun ist, die Behindertenkarte auszuspielen.

Es wundert mich also kein bisschen, als sie kurz darauf an einen Tisch geführt wird, der gerade frei wurde und auf den sichtlich schon ein schwules Pärchen gewartet hat.

Schwul war gestern. Kleinwüchsigkeit ist Trumpf.

Nicht erst seit Peter Dinklage als Tyrion Lannister gilt: *Vertically challenged is the new black.*

Gleich darauf erscheint mit einem melodischen Pling eine Push-Mitteilung meines WhatsApp-Accounts auf dem Display meines iPhones:

*Sitz gefälligst gerade!*

Ich nehme Blickkontakt zu Bröcki auf. Finster.

Wieder plingt es.

*Und guck begeisterter, wenn dein Regisseur mit dir spricht!*

Mein Regisseur sagt gerade: „Liebste Pauline, dich muss das alles ganz furchtbar mitnehmen. Den armen Jimmy so aufzufinden – jede andere hätte einen völligen Nervenzusammenbruch erlitten und die Flinte ins Korn geworfen. Nicht so du. Ich, wir alle – die Festivalleitung, die Kollegen –, wir wissen zu schätzen, was für eine phantastische Teamplayerin du bist!"

Er streckt den Arm aus, als ob er mir auf die Schulter klopfen will, sieht meine Augenbrauen, die sich gleich Frida-Kahlo-mittig über meiner Nase treffen, und fährt den Arm wieder ein. Ich bin mir nicht sicher, ob das ein Kompliment war oder ob er mir gerade Gefühllosigkeit attestiert hat.

„Gisbert muss mal", verkündet Gisbert und eilt davon.

Luigi ist kurzzeitig verwirrt. „Äh ... also ... was ich noch sagen wollte ..." Rasch geht er seine Karteikarten durch.

„Vielleicht darf ich etwas einwerfen, solange Sie nach den richtigen Worten suchen."

Kommissar Pittertatscher tritt lässig an den Tisch, im cremefarbenen Sommeranzug mit hellblauem Hemd. Beides leicht zerknittert. Aber für einen Kommissar – und im Vergleich zu gestern – sieht er schon erstaunlich gepflegt aus. Wahrscheinlich ist das sein, von der Obrigkeit angeordnetes, Zugeständnis an einen Mordfall unter Promis.

Er nickt in die Runde. „Wir kennen uns ja schon alle von den Befragungen. Etwas dagegen, wenn ich mich zu Ihnen geselle?"

*Was will der hier?*, plingt mein Handy. Ich drehe es mit dem Display zur Tischplatte.

„Aber nein, *non affatto*, bitte, nehmen Sie doch Platz", schnurrt Luigi eine Terz tiefer und zeigt auf den Stuhl, auf dem eben noch sein Gisbert saß. Wenn Gisbert jetzt hier wäre, würde es eine Eifersuchtsszene von Shakespeare'schen Ausmaßen geben. Aber Gisbert ist ja auf dem Klo.

Pittertatscher lächelt und setzt sich. Ob er schwul ist? Ich vermag es nicht zu sagen. Mein Gaydar ist offenbar noch nicht funktionstüchtig. Tee kurbelt meinen Motor morgens nicht effizient an, ich hätte einen Kaffee trinken sollen. Aber selbst wenn Pittertatscher schwul ist, würde er nichts mit unserem kugelrunden Bärchen Luigi anfangen. Der würde nur auf seinen cremefarbenen Anzug haaren. Und außerdem bin ich sicher, dass man als Kommissar nichts mit einem Verdächtigen haben darf.

„Ich habe gehört, dass die Aufführung stattfinden soll?" Pittertatscher klingt kein bisschen verwundert. Das wäre ja noch schöner, wenn man sich in Salzburg von so einem Mord unterkriegen lassen würde.

Luigi streicht sich über die stoppelige Schädelplatte und lächelt sein strahlendstes Lächeln. „*Sì*, wir fanden, dass wir es dem Publikum schuldig sind."

Der Kommissar nickt verständnisvoll. „Kein Thema. Solange Sie noch alle Ihre Schäfchen haben und kein weiteres ausfällt."

„Was wollen Sie damit sagen?" Luigi wechselt in Hypergeschwindigkeit vom Flirt-Modus zum Regisseur-Modus.

Pittertatscher schürzt die Lippen. „Bei einem Mord an jemand wie O'Shay gibt es haufenweise Verdächtige. Viele davon sind männlich und mit einer Frau liiert, die der offenbar nimmermüde O'Shay besprungen hat."

Ich hmpfe. „Sie reden hier von einem sehr engen Freund von uns. Geht das vielleicht auch etwas respektvoller?"

Der Kommissar beachtet mich gar nicht. „Nicht wahr, Herr Staun?"

Wir schauen alle zu Mads.

Mads schaut zum wolkenlosen Himmel hoch. Als ob er einer Karteikartenregieanweisung von Luigi folgt.

„Meine Kollegen in Kopenhagen haben mir bestätigt, dass Sie sich aktenkundigerweise mit O'Shay geprügelt haben", fährt Pittertatscher fort. „Was man so ‚prügeln' nennt bei zwei Opernsängern, die sich weder den Brustkorb noch die Nase verletzen wollen." Er grinst. „Es war wohl mehr Luftboxen. Wie Air Guitar spielen, nur zu zweit."

Mads sieht ihn an. Er wirkt nicht schuldbewusst. „Das ist schon Jahre her. Jimmy hat sich an meine Frau herangemacht, aber zwischen den beiden ist nichts passiert. Ich habe Jimmy gesagt, er soll das lassen, und er hat es gelassen. Wir waren danach keine Freunde mehr, aber wir hatten ein kollegiales Verhältnis und standen seitdem schon mehrmals zusammen auf der Bühne. Und ich habe ihn ganz sicher nicht umgebracht."

„Soso." Pittertatscher nickt. „Sie haben natürlich recht, man muss mit seinen Kollegen nicht befreundet sein. Es muss nicht einmal eine neutrale Koexistenz geben, offene Feindschaft tut es auch. Genau so sehen Sie das doch, nicht wahr, Herr Cho?"

Harry, der große Däumchendreher, hält im Daumendrehen inne. „Wie bitte?"

„Sie verstehen mich sehr gut. Ich habe erfahren, dass Sie seit geraumer Zeit einen Kleinkrieg gegen O'Shay führten."

Harry nickt bedächtig. Seine Zen-Gelassenheit scheint keineswegs angekratzt. Wird man als Asiate so geboren oder kann man das irgendwo lernen?

„Das stimmt. Wir lagen nicht auf einer Wellenlänge, das kann man wohl so sagen. Jimmy hat unseren Beruf meiner Meinung nach nicht ernst genug genommen. Er war ein Hans-Dampf in allen Gassen, der sich nie wirklich anstrengen musste und deshalb auch nie wirklich erstklassige Arbeit ablieferte. Sein Ruhm und seine vielen Plattenverträge gründeten sich allein auf seinem Aussehen." Emotionslos spricht Harry aus, was wir alle gedacht haben. Dennoch nickt keiner von uns. Man will ja keinen Verdacht auf sich lenken.

Harry sieht dem Kommissar jetzt fest in die Augen. „Aber glauben Sie mir, mein Groll gegen Jimmy gipfelte darin, dass ich seiner Autobiographie *Ruhe bitte! Ein Sängerleben aus Sicht eines Betroffenen* eine vernichtende Ein-Sterne-Bewertung auf Amazon gegeben habe. Ich lebe gewaltfrei."

Auf der anderen Seite der weißen Absperrkordel hebt Bröcki an ihrem Tisch fragend die Arme, dann deutet sie auf ihr Handy. Bestimmt hat sie mir wieder eine WhatsApp-Nachricht geschickt und will wissen, was der Kommissar herausgefunden hat.

Ich ignoriere sie.

„Verstehe", sagt Pittertatscher. „Sie wollen damit ausdrücken, dass Ihre Abneigung keine ausreichende Motivation für einen Mord darstellt."

Harry nickt wieder. Und nickt. Und nickt. Und nickt. In gleichmäßigem Rhythmus, wie eine glücksbringende chinesische Winkekatze. Ein Mann, der seine innere Mitte gefunden hat. Quasi ein Mischwesen aus Gandhi und Buddha und Duracell-Häschen.

Pittertatscher winkt einen Kellner herbei und bestellt einen großen Braunen.

„In einem haben Sie nicht ganz unrecht – ich finde auch, dass tiefe Leidenschaft ein überzeugenderes Mordmotiv ist", fährt er dann fort und schaut Branwen an.

„Huch, reden Sie von mir?", fragt sie mit Blondinenstimme. Obwohl ich – weil wir an der Juilliard nach dem schweißtreibenden Unterricht des Öfteren zusammen die Gemeinschaftsdusche aufgesucht haben – definitiv weiß, dass sie keine Naturblondine ist.

„Sie haben mit O'Shay geschlafen", verkündet Pittertatscher.

Branwen klappt der Unterkiefer nach unten. „Wie bitte? Nein, das habe ich nicht! Aber selbst wenn – jede gottverdammte Frau auf diesem Planeten hat mit Jimmy geschlafen!"

Der Kommissar schaut nachsichtig. „Das ist ganz sicher eine Übertreibung."

Ich zermartere mir das Gehirn, ob mir irgendeine Frau einfällt, die nicht mit Jimmy geschlafen hat ...

... und mir fällt niemand ein. Ehrlich. Niemand.

Ich. Die Dozentinnen an der Juilliard, sämtliche Kolleginnen, sogar Bröcki und die lesbische Bühnenbildnerin in Moskau. Jimmy litt an der männlichen Form von Nymphomanie. Wie heißt das Wort gleich wieder?

„Frau Miller?"

„Wie bitte?" Ich schrecke auf. Donjuanismus? Satyriasis? Sexsüchtler? „Was haben Sie gesagt?"

Pittertatscher mustert mich. Den Blick muss er geübt haben, den hat man nicht von Geburt an drauf. Bohrend, inquisitorisch. Ein Folterblick. „Ich habe Sie gefragt, ob Sie etwas mit James O'Shay hatten?"

„Natürlich. Aber das war vor gefühlt hundert Jahren. Während unserer Ausbildung. Da bin ich jetzt definitiv nicht mehr emotional involviert."

Pittertatscher beugt sich mit seinem Torquemada-Blick zu mir und will gerade etwas sagen, zweifelsohne, dass Frauen nie vergessen, wenn man sie betrogen und eiskalt abserviert hat, als es in Höhe seines vorgebeugten Ohres faucht.

„Was soll denn das? Das ist Polizeibrutalität! Wenn Sie Frau Miller so zusetzen, ist sie außerstande, auf der Bühne ihre Gabe auszuleben, und die Oper wird zum Desaster. Wollen Sie das etwa?"

Es ist Bröcki. Mein ganz persönlicher Kampfhund. Ich liebe diese Frau!

„Frau Bröckinger, Sie auch hier?" Man muss es Pittertatscher lassen, dass er nicht aus der Ruhe zu bringen ist. „Das trifft sich gut. Ich fand nämlich heraus, dass Ihnen vor einigen Jahren sehr daran gelegen war, für James O'Shay als Agentin tätig zu werden, aber er hat sie abgewiesen. Obwohl, wie man hört, nur dank Ihnen während Ihrer ... helfen Sie mir, wie sagt man dazu? Werbephase? Andienung? Hofiererei? ... seine Connections zu einem Produzenten entstanden, der später einen lukrativen Plattenvertrag mit James O'Shay abschloss. Das muss bitter für Sie gewesen sein. Und kostspielig. Wie viele Hunderttausend Euro sind Ihnen dadurch entgangen? Da lacht mir doch das Mordmotiv förmlich ins Gesicht!"

Bröcki presst die Lippen aufeinander, erwidert aber nichts. Die beiden starren sich blinzellos an.

„Also, ich bitte Sie", rufe ich dazwischen. „Wie soll denn ...?"

Abrupt bleiben mir die Worte im Hals stecken.

Wie soll denn jemand wie Bröcki einen beinahe zwei Meter großen Kerl köpfen können? Diese Frage liegt mir auf der Zunge.

Pittertatscher schaut mich an.

Er weiß es.

Ich weiß es.

Bröcki weiß es auch.

Sie wirbelt zu mir herum. „Entschuldige mal, traust du mir etwa keinen Mord zu? Warum denn nicht? Weil ich kleinwüchsig bin? Ich schaffe alles, was ich mir vornehme! Alles!" Sie wird laut.

Die Gespräche an den Nebentischen verstummen, aus den bislang verstohlenen Blicken – in Salzburg gafft man Prominente nicht prollig an, man wahrt wohlerzogene Distanz – wird unverhohlen neugieriges Starren, und hinten links zückt jemand sein Handy und schießt Fotos.

„Ist ja gut, tut mir leid", zischle ich. Aber mit einem simplen ‚Tut mir leid' kann man eine Furie natürlich nicht besänftigen. Ich sollte ihr eine der von uns so geliebten originalen Mozartkugeln zuwerfen, aber ich habe keine dabei. Die wäre bei der Hitze auch geschmolzen.

„Das sollte dir auch leidtun", donnert Bröcki jetzt, und alles Leben auf der Terrasse erlischt, weil sie dem Vesuv kurz vor dem Ausbruch im Jahr 79 ähnelt und die Nachgeborenen der Pompejaner wissen, dass sie sich sekündlich in Sicherheit zu bringen haben, wenn sie nicht als ein in Lava gegossenes Standbild enden wollen.

Und dann setzt Bröcki noch eins drauf und ruft mit einer Stimme, die jeder, wirklich jeder auf der Terrasse hört – und bestimmt auch einige unten am Giselakai: „Nur weil ich kleiner bin als du, heißt das noch lange nicht, dass ich nicht zu Großem fähig wäre. Und wenn ich einen Mann umbringen und köpfen und anschließend weichkochen will, dann kann ich das auch, verstanden!"

Als der Entdecker Henry Morton Stanley 1877 den Kongo durchquerte, wurde sein Übersetzer plötzlich verrückt und verschwand mit einem Papagei auf der Schulter im Dschungel. Niemand sah ihn jemals wieder.

Bröcki hatte keinen Vogel – zumindest nicht auf der Schulter –, aber sie machte sich ähnlich spektakulär aus dem Staub. Immer noch in sich hineinbrummend, stampfte sie zum Aufzug. Auf halber Strecke begegnete sie Gisbert, der von der Toilette zurückkam und ziemlich darüber staunte, wie sehr die Stimmung während seiner kurzen Abwesenheit gekippt war.

Unsere gemütliche kleine Runde löste sich daraufhin rasch auf, zumal Pittertatscher allmählich die Verdächtigen ausgingen.

„Wir treffen uns dann zur Nachmittagsprobe um 14 Uhr", ruft Luigi noch, aber da strömen seine Schäfchen schon in Richtung Ausgang. Pittertatscher, der offenbar nicht weiß, dass der Letzte laut jahrhundertealter Tradition die Rechnung zu übernehmen hat, bleibt zurück. Na, das wird er schon von allein merken, wenn Luigi und Gisbert überstürzt aufbrechen. Was sie zweifelsohne jeden Moment tun werden.

Harry, Wolfgang und Branwen warten darauf, dass die Aufzugskabine Bröcki unten ausspuckt und wieder nach oben geruckelt kommt. Mads und ich nehmen die Treppe.

„Grauenhaft", konstatiere ich. „Das Ganze ist einfach nur grauenhaft."

„Du musst das positiv sehen", meint Mads mit seinem entzückenden dänischen Lispelakzent. „Das wird alles in deine Kunst einfließen. Deine Konstanze wird jetzt vielschichtiger, authentischer, tiefer ..." Ihm gehen die Adjektive aus.

„Darauf hätte ich gern verzichtet, vielen Dank auch."

Aus den Augenwinkeln werfe ich Mads einen Blick zu. Ob er Jimmy tatsächlich gram gewesen ist? Ich will nicht behaupten, dass wir Künstler allesamt leichtfertige, ehebrecherische Wesen sind, aber wer so viel unterwegs ist wie wir, wer so lange am Stück von zu Hause fort ist, der – oder die – nutzt schon einmal die Gunst der Stunde. Wir machen dann aber keine Liebe, wir haben nur Sex. Es ist nichts weiter als eine gymnastische Übung. Das kann man doch nicht ernst nehmen. Und Jimmy hat ohnehin nie etwas ernst genommen. Die Ehe von Mads war also zu keinem Zeitpunkt gefährdet. Selbst wenn Mads bezüglich der Treue seiner Frau im Irrtum sein sollte.

„In dir denkt es." Mads grinst. „Du überlegst, ob ich Jimmy umgebracht haben könnte."

Ich streite es nicht ab. „Und? Hast du?"

Wir kommen unten in der Lobby an. Hier ist es angenehm kühl und dunkel, nur draußen gleißt die Sonne und bringt die Touristenmassen ins Schwitzen.

Mads greift nach meinen Händen. „Nein, ich habe ihn nicht umgebracht. Damals, im Affekt ... wenn sich die Gelegenheit dazu ergeben hätte ... wer weiß? Aber jetzt doch nicht mehr."

Ich sehe ihm in die gletscherblauen Augen. Können diese Augen lügen?

Nein, befinde ich, sie sind durch und durch ehrlich. Und Mads ist ein Kerl, der immer alles sofort erledigt. Er ist vielleicht aufbrausend, aber nicht verschlagen –

wenn er Jimmy hätte umbringen wollen, dann als er von dem Ausrutscher seiner Frau erfuhr. Nicht Jahre später und kaltblütig geplant. Um ihm zu zeigen, dass ich ihm vertraue, lade ich ihn ein. „Kommst du mit zu mir auf einen Eistee? Ich wohne ja quasi gleich nebenan."

Mutig voran!

„Unbedingt!" Mads grinst breit. „Man raunt sich wilde Dinge über deine Luxuswohnung zu. Ich wollte immer schon einmal sehen, wie man die A-Liga unterbringt."

„Depp!", brumme ich, aber mit stolzgeschwellter Brust. Das hatte ich mir nämlich seit Anbeginn meiner Karriere gewünscht – es irgendwann einmal in die A-Liga zu schaffen. Ich selbst zweifle immer noch daran, aber mein Umfeld sieht es offenbar so.

Wir holen noch einmal tief Luft – brütende Sommerhitze ist nicht nur von der Temperatur her ein Problem, sondern wegen der schwitzenden Touristen auch olfaktorisch –, treten aus dem *Stein* und gehen rechts zur Kreuzung. Da fällt mir ein, dass ich Mads ja gar nichts anbieten kann.

Ursprünglich hatte ich gedacht, wenn Yves mich begleitet, kann er mir in meinem Liebeskummer die Hand halten und stets für Nachschub an Zellstofftüchern und Kanapees sorgen. Aber Yves ist als Haushaltshilfe denkbar ungeeignet. Er merkt nie, wenn irgendwas ausgeht, und wenn man ihn zum Einkaufen schickt, kommt er mit allem Möglichen zurück, aber nie mit dem, was auf der extra mitgegebenen Einkaufsliste steht.

„Wir müssen noch rasch in die Linzer Gasse zum Einkaufen, ist das okay?"

Natürlich ist das okay. Dänen sind Gentlemen. Da hat sich seit der Ära der wilden Wikinger wahrhaft ein Mutationsquantensprung vollzogen.

„Wenn wir schon hier sind, können wir gleich deinem Rollenvorbild ‚Hallo' sagen", schlägt Mads vor.

Äh, wie bitte?

Er deutet meinen verständnislosen Blick richtig. „Aha, ich weiß etwas, das du nicht weißt." Er grinst. „Auf dem Sebastiansfriedhof liegt Mozarts Witwe Constanze begraben, nach der er die Konstanze in der *Entführung* benannt hat. Hast du Lust?"

Es ist nicht weit, aber es geht hügelaufwärts. Ich komme ins Schnaufen, und unterwegs überfällt mich zudem der Hungerast, weswegen ich mir einen Bio-Burger auf die Hand besorge.

Dann sind wir da. In meiner Ahnungslosigkeit bin ich schon ein paar Mal an diesem Friedhof vorbeiflaniert, auf der Suche nach Boutiquen, die schicke Sachen in meiner Größe führen. Ach, wem mache ich etwas vor? Selbst wenn ich gewusst hätte, dass sich hinter der eigentlich unspektakulären Kirchenfassade mit dem pfeildurchbohrten Sebastian ein entzückender, kleiner, ummauerter Friedhof befindet, wäre ich von selbst nie hineingegangen.

Ich bin keine Freundin von Friedhöfen. Nicht, weil sie mich an den Tod mahnen, sondern weil ich Angst habe, es könnte dort spuken. Ja, auch am helllichten Tag. Oder es bohrt sich plötzlich eine Knochenhand aus dem Erdreich und greift nach mir. Ich tippe auf zu viele Horrorstreifen der Hammer Studios in allzu früher Kindheit. Aber mit Mads an meiner Seite ist es auszuhalten.

„Bist du immer schon ein Friedhofsfan gewesen, oder hat dir Jimmys Tod die eigene Sterblichkeit vor Augen geführt?", frage ich ihn, als wir in den Kreuzgang der Sankt-Sebastians-Kirche treten.

„Weder noch. In den Probenpausen sitze ich gern im Grünen. Mangels Stadtpark tut es da auch ein

Friedhof. Der Sankt-Peter-Friedhof und die Mirabell-anlage sind mir zu überlaufen, aber hier ist es perfekt – man ist mitten in der Stadt und doch weit weg vom Gewusel." Er schließt die Augen. „Atme tief ein. Ist es nicht herrlich?"

Ich atme tief ein und finde es herrlich, aber angesichts der Umstände ist es ja auch grundsätzlich schon herrlich, überhaupt atmen zu können. Der arme Jimmy!

Wir gehen weiter.

Vor einer Grabsäule mit Kreuz und zwei Grabplatten daneben bleibt Mads stehen. „Schau."

*Constantia von Nissen Wittwe Mozart geborene v. Weber,* lese ich.

Gesäumt wird sie von zwei Mädels namens Genovefa und Euphrosina. Obwohl ich meine Eltern immer für den Namen Pauline verflucht habe, wird mir auf einmal klar, dass es mich schlimmer hätte treffen können.

„Nach Mozarts Tod war ihm seine Frau noch achtzehn Jahre lang treu, erst dann hat sie erneut geheiratet", sagt Mads, aber er sagt es mehr zu sich selbst als zu mir. „Ich frage mich, was meine Frau macht, wenn ich sterbe. Sie ist so voller Leben. Und so schön ... Sie kann jeden haben."

Damit hat sie ja nun nicht gerade bis nach Mads' Ableben gewartet, denke ich, spreche es aber nicht aus.

Wer sich auf einen Windhund wie Jimmy einlässt, muss entweder enorm naiv oder libidinös äußerst aufgeheizt sein. So oder so würde ich für ihre generelle Treue nicht die Hand ins Feuer legen. Wie soll man aber auch einem Mann treu sein, der so gut wie nie zu Hause ist und den man wegen des Rudels schulpflichtiger Kinder nicht auf seinen Reisen begleiten kann? Und eine Frau bleibt eine Frau bleibt eine Frau bleibt eine Frau.

Ich beiße in meinen Bio-Burger und sehe mich um.

Außer uns tummeln sich hier nur ein paar Touristen. Rechts neben der Kapelle sitzen zwei junge Mädchen auf einer Bank, die hier offensichtlich ihre Mittagspause zelebrieren. Quickie-Picknick auf dem Friedhof, da kennt der Österreicher ja nix.

Mads geht noch eine Weile in sich, ich verputze meinen Burger. Wo wir schon da sind, umrunden – oder umecken? – wir einmal den Kreuzgang, schauen noch bei Paracelsus vorbei und begeben uns dann, mit kurzer Einkehr im Supermarkt, zu meiner Residenz an der Salzach, meinem temporären Luxus-Reich. *Noblesse oblige.*

An der gusseisernen Pforte bleibt Mads stehen und pfeift anerkennend. Die blassgelb gestrichene Fassade funkelt im Sonnenlicht fast sonnenblumengelb, das Efeu rund um die ebenfalls gusseisernen Balkone glänzt in sattem Grün, und die weiß umrahmten Fenster scheinen wie freundliche Augen, die dem zufälligen Passanten fröhlich zublinzeln.

Man weiß erst dann richtig zu schätzen, was man hat, wenn ein anderer es einem neidet.

„Sehr schön", urteilt Mads. „Aber mir würde ein Garten fehlen."

Ja klar, reiner Verteidigungsreflex. Als ob er während unseres kurzen, arbeitsintensiven Aufenthalts in Salzburg die Zeit hätte, geruhsam im Garten zu sitzen. Auch wenn er in seiner Bleibe tatsächlich einen hat, weil ein dänischer Großindustrieller ihm großzügigerweise sein Ferienhaus am Leopoldskroner Weiher überlässt. Samt Porsche in der Garage.

Aber Mads hat nicht unrecht: Zwischen Villa und Eisengatter befindet sich nur ein schmaler Grünstreifen. Der gemäht gehört.

Er stößt die Pforte auf, bevor ich ihn warnen kann. „Au!"

„Ja, das Metall heizt sich bei diesen Temperaturen erstaunlich auf, aber tu nicht so, als würde es Brandblasen geben. Das sind nur lauwarme Eisenstäbe, keine glühenden. Wobei sie abends, wenn den ganzen Tag die Sonne draufgeschienen hat, wirklich relativ heiß sind. Deswegen immer an der Holzklinke anfassen."

„Man lebt und lernt." Mads nickt. „Und du wohnst ganz oben?"

„Yep." Ganz oben, das klingt nach Dutzenden von Stockwerken. Es sind aber nur drei.

Auf der Treppe kommt uns Yves entgegen, mit Radames auf dem Arm. „Keine Zeit, bin auf dem Weg zum Frisör. Tata!" Mit der freien Hand winkt er uns im Vorbeilaufen zu. Und schubst meine Hand beiseite, mit der ich Radames streicheln will. „Ich hoffe, du bist zu Hause, wenn ich heimkomme, ich habe meinen Schlüssel immer noch nicht gefunden", flötet er noch, dann ist er draußen. Mit wehenden Haaren.

Es wird wirklich Zeit, dass er eine neue Frisur bekommt. Oder überhaupt eine.

„Bring Hundefutter mit", rufe ich seinem entschwindenden Rücken hinterher. Besser gesagt, der zufallenden Haustür.

Die Wohnung ist leer. Bröcki lässt offenbar irgendwo anders Dampf ab. Wie ich sie kenne, füllt sie unseren Mozartkugel- und Champagnervorrat auf.

Ich gehe voraus.

„Schau dich ruhig um, während ich meinen selbstgemachten Hibiskus-Eistee hole." Selbstgemacht, ja. Von mir? Äh ... nein.

Hinter mir stößt Mads schon wieder einen Pfiff aus. Sein Großindustriellengastgeber hat das Ferienhaus offenbar nicht so prachtvoll ausgestattet wie die Besitzer diese Wohnung. In einer brillanten Mischung aus Antiquitäten und modernen Klassikern von Le Corbusier, mit Pop-Art an den Wänden, aber auch englischen Landschaftsbildern aus dem 18. Jahrhundert.

„Der Balkon ist ja genial", höre ich Mads noch rufen, aber da werkle ich schon in der Küche.

Okay, es war leicht übertrieben, als ich sagte, ich kenne das Innere einer Küche nur vom Hörensagen. Natürlich kann ich mir morgens meinen Kaffee brühen. An der Nespresso-Maschine.

Und ich kann eine Limettenscheibe in einen Glaskrug schnitzen, haufenweise Eiswürfel hineinwerfen, ein Blatt Minze hinzufügen und das Ganze dann mit dem Hibiskustee auffüllen, den Bröcki heute früh schon angesetzt hat, weil wir das Zeug bei dieser Hitze hektoliterweise in uns hineinschütten. Das alles kann ich. Weil Bröcki es Schritt für Schritt auf einen Zettel geschrieben und mit einem Magneten an die Kühlschranktür geheftet hat.

Um hausfrauliche Fähigkeiten vorzutäuschen, arrangiere ich den Krug anschließend mit zwei Gläsern und ein paar Blüten von dem Strauß am Küchenfenster auf einem Tablett, dann trage ich mein Kunstwerk in Richtung Balkon. Vorbei an der nur angelehnten Wohnungstür. Habe ich vergessen, die Tür zu schließen? Mit dem Fuß kicke ich sie zu.

„Mads, Tee ist fertig", rufe ich, als ich sehe, dass er nicht auf dem Balkon steht.

Wahrscheinlich ist er für kleine Dänen.

Oder er schnüffelt in meinen Nachttischschubladen. Soll er ruhig, ich habe nichts zu verbergen. Mein Sexspielzeug liegt zu Hause – in meinem richtigen Zuhause –, wo es hingehört. Auf Reisen lebe ich keusch. Also, toykeusch. Ich will nicht in den Klatschmagazinen die ‚geheimen Plaudereien‘ von Flughafenzöllnern oder Hotelzimmermädchen über meinen Kofferinhalt lesen ...

„Mads, dein Tee wird warm!“ Ich nehme schon mal einen großen Schluck Eistee, weil ich nicht warten kann. Nichts ist schlimmer, als wenn die Stimmbänder austrocknen.

Ich muss an die angelehnte Wohnungstür denken. Er wird doch nicht gegangen sein? Ohne mir Bescheid zu sagen?

„Mads!“

Vielleicht kam ein Anruf für ihn, und er will ungestört im Hausflur telefonieren? Ob ich mal nachschauen soll?

Und da sehe ich ihn. Eigentlich nur, weil ich dem Blick einer Amsel folge, die im Nachbargarten auf einem Baum sitzt, ungefähr in meiner Augenhöhe, und neugierig das schwarze Köpfchen zur Seite legt und nach unten schaut.

Auf das Eisengitter, das die Villa umgibt.

Und auf deren Spitzen aufgespießt Mads Staun hängt.

Däne am Spieß.

## Das Leben ist kein Wunschkonzert

Warum haben Medikamente niemals gute Nebenwirkungen? Ein einziges Mal möchte ich auf dem
Beipackzettel lesen: ‚Kann zu extremer Attraktivität
führen.'' Stattdessen soll ich mit Schläfrigkeit rechnen
(Keine schweren Maschinen bedienen!) und in sehr
seltenen Fällen mit allergischen Reaktionen.

„Was wirfst du denn da ein?''

Bröcki kommt aus dem Badezimmer und baut sich
vor meinem Kingsize-Himmelbett auf. Aus irgendeinem Grund musste ich der Polizei – die draußen im
Flur, im Salon und auf dem Balkon nach Hinweisen
auf den Tathergang sucht – schon wieder meine Kleidung überlassen, obwohl ich dieses Mal doch gar
nicht mit Blut oder Hautschuppen oder sonstwas in
Berührung gekommen bin. Vermutlich ist das eine Fe-
tisch-Sache der Spurensicherungsjungs. Wenigstens
habe ich dieses Mal die guten Spitzendessous von *La
Perla* getragen.

„Ich *werfe* nichts ein, ich nehme eine Beruhigungs-
pille.'' Oder zwei oder drei. „Habe ich vorhin aus dem
Kulturbeutel von Yves stibitzt. Der hat immer was dabei. Keine Sorge – mein Französisch ist gut genug, um
zu wissen, dass es sich um ein harmloses homöopathi-
sches Produkt handelt, nicht um eine Chemiekeule.
Ich muss nur dringend meine Nerven beruhigen.'' Das
stimmt so nicht ganz, aber wenn man fest dran glaubt,
dann wird es wahr.

„Bist du noch zu retten? In einer solchen Situation
brauchst du deine *eine* Gehirnzelle, um klar denken
zu können!''

Man sagt uns Sopranistinnen nach, wir seien die
Blondinen der Opernwelt. Ich höre das nicht gern.

„Oh Gott, Bröcki, was ist nur in dich gefahren? Gar keine Spur von Mitgefühl? Ich habe eben den zweiten Toten innerhalb von zwei Tagen gesehen! Und, das darf ich hinzufügen, es waren keine optisch ansprechenden Leichen!"

„Och, du Arme, war ich etwa zu ruppig? Tja, Pech. Ich kann nicht alle Menschen glücklich machen. Ich. Bin. Nicht. Nutella." Trotzdem klettert Bröcki aufs Bett und tätschelt mir die Hand.

Selbstverständlich habe ich als Erstes Bröcki angerufen. Sie weiß immer, was zu tun ist. Den abgetrennten Kopf von Jimmy habe ich vielleicht noch relativ locker weggesteckt, aber Mads gepfählt zu sehen, gab mir den Rest, das muss ich zugeben. Meine Hände zitterten unkontrolliert, ich hyperventilierte. Doch die Pillen von Yves wirken – jetzt bin ich schon viel ruhiger.

Um uns herum jedoch tobt das Chaos.

Bröcki hat natürlich umgehend die Polizei verständigt, aber das hatten zu dem Zeitpunkt auch schon die Anwälte aus der Kanzlei im Erdgeschoss und ein flanierender Rentner, dessen Dackel schwanzwedelnd dem Duft des Blutes gefolgt war.

Nun wimmelt es in meiner Wohnung vor Polizisten und Spurensicherern, die mich ins Schlafzimmer verbannt haben, damit ich ihnen nicht im Weg bin. Ich wünschte, ich hätte Yves erreicht, damit er Radames zurückbringt. Ich brauche etwas Flauschiges, das ich im Arm halten kann. Aber er hat sein Handy ausgeschaltet.

Mich tröstet, dass ich wenigstens optisch etwas hermache. Hingestreckt liege ich auf meinem Himmelbett, auf dem ich mich wie ein Hollywoodstar aus den Zwanziger- und Dreißigerjahren drapiert habe, in einem zartrosa Chantilly-Satinnegligé (von Agent Provocateur, knöchellang) auf weißem Laken (aus

ägyptischer Baumwolle, Fadenzahl 1000), die pracht-
vollen, dunkelbraunen Locken als einziger Farbklecks
wie ein Fächer auf dem Kissenberg ausgebreitet. Die
Tatsache, dass ich kein Selfie von mir schieße und auf
meiner Facebook-Seite poste, sagt viel über meinen
Zustand aus.

Ich bin ehrlich erschüttert, durch und durch.

Nur so lässt sich auch meine Reaktion erklären,
als ich plötzlich vor dem Fenster den fahlen Geist von
Mads in die Höhe schweben sehe.

„Aaaaaaaaah!!"

Langsam bekomme ich Übung im Aufschreien. Ich
sollte mir das schleunigst abgewöhnen, bevor es zur
Gewohnheit wird.

Bröcki zuckt vor Schreck so sehr zusammen, dass
sie von der Bettkante rutscht. Es gibt ein hässliches
Plumps-Geräusch, aber auf dem kuschelweichen
Hochflor-Bettvorleger kann sie sich nicht wirklich
wehgetan haben.

Kommissar Pittertatscher stößt die Schlafzimmertür auf. In einer amerikanischen Prime-Time-
Serie hätte er das wohl mit gezückter Waffe getan
und ohne zu fragen gleich um sich geschossen. Hier
in Salzburg halten ermittelnde Kommissare nur einen
To-Go-Kaffeepappbecher in der Hand und fragen in
aller Gemütsruhe: „Was ist?"

Weiß wie das Laken, auf dem ich liege, zeige ich
auf den gespenstischen Kopf hinter dem geschlosse-
nen Fenster.

Bröcki richtet sich die Frisur, dann lugt sie über
den Bettrand. „Yves?"

Es ist tatsächlich Yves, der offenbar auf einer Leiter steht. In einem weißen Musketierumhang mit Fellkragen?

Ich lasse den Kopf wieder auf die Kissen sinken. Das Fächerarrangement meiner Locken ist allerdings dahin.

Pittertatscher öffnet das Fenster. „Darf ich fragen, wer Sie sind und was Sie hier wollen?"

„DuBois, ich bin Yves-Franois DuBois, der Countertenor." Yves stellt sich immer mit den Worten *DuBois, ich bin Yves-Franois DuBois, der Countertenor* vor. Als sei er Bond, James Bond, der 007-Agent. Nur eben in der Countertenor-Version.

Der Countertenor der Countertenöre.

Aber bei Pittertatscher tritt er damit ins Leere. „Der *was*?"

„Countertenor. Ich bin Sänger und singe in Sopranlage."

„Schon klar, verstanden." Pittertatscher nickt. „Wie ein Kastrat."

Vom Bett aus kann ich sehen, wie Yves rot anläuft. Bevor es zu einer unschönen Eskalation kommt, rufe ich: „Yves wohnt hier. Er ist ein Freund und meine unverzichtbare rechte Hand."

Das wiederum hört Bröcki nicht gern, weil Yves nämlich nur in der Wohnung herumhängt, während sie die ganze Arbeit erledigt.

„Und was bin ich?", brummt sie folglich. Sie brummt es ungnädig. „Dein Fußabtreter?"

Ich schaue zu Pittertatscher, mit leidendem Willkommen-in-meiner-Welt-Blick. Er versteht.

Auch Yves fängt meinen Blick auf. „Herrje, du Arme, lass mich dir helfen."

Mühsam schiebt er sich auf das Fensterbrett, dabei stöhnt und ächzt und wackelt er bedenklich.

Bröcki kommt um das Bett gelaufen. Sie nimmt Yves den Fellkragen ab, bei dem es sich natürlich um Radames handelt. Die Kletteraktion hat ihn wieder narkolepsiert – seine Höhenangst löst zuverlässig einen Anfall aus. Ja, auch Hunde können Höhenangst haben.

„Man wollte mich unten nicht hereinlassen", beschwert sich Yves. Das Weiße um seine Schultern ist ein Frisörumhang, wie ich jetzt erkenne. „Aber davon habe ich mich natürlich nicht abschrecken lassen. Ich wusste, meine Pauline braucht mich. Die Anstreicher von der Baustelle nebenan haben mir ihre Leiter geborgt." Er schaut nach unten und winkt. *„Merci beaucoup, meine Herren!"*

„Yves, endlich eine mitfühlende Seele", rufe ich und winke ihn zu mir.

Pittertatscher tritt zur Seite, sieht aber davon ab, Yves eine helfende Hand zu reichen. Bröcki hat die Hände ja schon mit Radames voll, und ich werde mein Bett in diesem Leben nicht mehr verlassen. Also muss Yves allein zurechtkommen. Es zeigt sich deutlich, dass er a) nie Sport treibt, b) schon gar keine Gymnastik und c) nicht wirklich gelenkig ist. Wie ein nasser Sack ruckelt er über das Fensterbrett und fällt schwer auf den Parkettboden. Jemand hätte ihm den flauschigen Hochflor-Bettvorleger unterschieben sollen, als noch Zeit dafür war. Zu spät.

„Aua."

„Wo waren Sie zur Tatzeit, Herr DuBois?", will Pittertatscher wissen und schaut von seiner imposanten Höhe herab auf den am Boden liegenden Yves.

„Äh … Wann war denn die Tatzeit?", fragt Yves und reibt sich das Kreuz. Das ist das Problem der Mageren: keinerlei Fettpölsterchen zum Abfedern. Wenn man fällt, fällt man immer gleich in den Schmerz.

Ich finde, diese Frage allein wäscht ihn von allen Verdächtigungen rein. Der Täter hätte gewusst, für welchen Zeitraum er ein Alibi braucht.

Das sage ich sofort dem Kommissar.

„Ja klar", antwortet der, ohne dabei den Blick von Yves abzuwenden. „Weil Täter ja auch immer ehrlich die Wahrheit sagen und nie irgendwelche Täuschungsmanöver fahren."

Hm.

„Ich wiederhole, Herr DuBois, wo waren Sie vor circa einer Stunde?"

„Beim Frisör." Zum Beweis zeigt Yves auf den weißen Plastikumhang um seine Schultern, an dem noch einzelne Haare kleben. In der unteren linken Ecke kann man einen Schriftzug ausmachen. Den ich auch entziffern könnte, wenn ich meine Lesebrille aufhätte, aber die trage ich grundsätzlich nicht im Beisein fremder Menschen männlichen Geschlechts.

Ächzend setzt Yves sich auf. „Die Kunde galoppiert wie ein Lauffeuer durch ganz Salzburg. Ich habe keine Sekunde gezögert und bin sofort losgerannt. Obwohl Fräulein Gitte mit meinem Schnitt noch gar nicht fertig war."

„Du Guter", hauche ich vom Bett und halte ihm meine ausgestreckten Hände entgegen. Ich weiß, was sich für eine Diva gehört. Da ich multitaskingfähig bin und während des Händeausstreckens auch nachdenken kann, gelange ich messerscharf zu dem Schluss, dass der Rentner mit dem Dackel per Handy einen Rundruf gestartet haben muss, denn ich war es nicht, und die Anwälte von unten sind schon berufsbedingt verschwiegen.

„Dann haben Sie mit dem Tod von Mads Staun also nichts zu tun?" Der Kaffeebecher des Kommissars dräut bedenklich schräg über den immer noch kauernden Yves. Gut, dass die Folter in Österreich abgeschafft wurde, sonst hätte der heiße Kaffee jetzt bestimmt der beschleunigten Wahrheitsfindung gedient.

„Oh Gott, es ist Mads?" Yves reißt die Augen auf. „Das wusste ich nicht. Ich habe nur gehört, dass es einen schlimmen Unfall gegeben hat." Er rappelt sich hoch, humpelt – mit der Hand im Kreuz und schmerzverzerrtem Gesicht – zum Bett und kniet sich zu mir. Wir fassen uns an den Händen.

Bröcki spricht aus, was der Kommissar sichtlich denkt. „Meine Güte, spart euch die Theatralik! Ihr seht aus, als wolltet ihr einen Valentino-Stummfilm nachspielen."

Ich weiß, dass wir ein Bild für Götter abgeben. Der jugendliche, schlanke Adonis mit den – ich schaue genauer hin, ja, tatsächlich – asymmetrisch verschnittenen Haaren (bestimmt nur, weil er mitten im Schneiden davongelaufen ist, das kann unmöglich von der Frisörin beabsichtigt gewesen sein, egal, wie avantgardistisch sie frisiert) und die nicht mehr ganz taufrische, mindestens doppelt so breite Diseuse, die sich an den Händen halten, in die Augen schauen und seufzen. Hätte ein Regisseur das auf der Bühne so inszeniert, ich hätte mich geweigert, es zu spielen. Argument: völlig verkitscht.

„Das war kein Unfall", erklärt Pittertatscher. „Das Geländer des Balkons ist zu hoch, als dass man versehentlich mal eben so hinunterstürzen könnte."

„Kein Unfall?" Yves erwacht aus seiner Trance und schaut zum Kommissar. „Was dann?"

„Tja, wenn wir das nur schon so genau wüssten ... Blöd, dass Sie keine Paparazzi haben", sagt Pittertatscher zu mir und schlürft genüsslich geräuschvoll seinen Kaffee.

„Selbstverständlich habe ich Paparazzi!", erkläre ich dezidiert. Frechheit! Anzudeuten, an mir habe kein Klatschpressefotograf Interesse. „Sogar haufenweise!"

„Und wo sind die alle? In der Mittagspause?" Pittertatscher setzt sich auf den Hocker mit den Troddeln vor meinem Schminktisch im Rokoko-Stil (nicht meine innenausstatterische Entscheidung). „Ein paar Fotos vom Tatort zur Tatzeit wären jetzt nämlich hilfreich."

Ich schließe die Augen. Eine gute Möglichkeit, die Welt – und vor allem Pittertatscher – auszublenden. Aber perfekt wäre es erst, wenn man auch die Ohren zuklappen könnte.

„Haben denn die Anwälte unten nichts mitbekommen? Ich habe doch gesagt, dass die Wohnungstür offenstand. Da muss sich der Täter hereingeschlichen haben."

Pittertatscher klappt sein Notizbuch auf. Ein altmodisches, mit Leder. Er blättert, dann schaut er auf. „Sie haben in Ihrer Erstaussage doch gesagt, die Haustür sei hinter Ihnen zugefallen. Ich habe mir das Schloss der Haustür angesehen – das lässt sich nur von einem Profi knacken. Das Schloss weist aber keine Einbruchsspuren auf. Wenn außer Ihnen und Herrn Staun niemand das Haus durch die Eingangstür betreten hat, müsste der Täter durch die Anwaltskanzlei hereingekommen sein. Ist er aber nicht. Es sei denn, Sie verdächtigen einen der Anwälte."

Der kleine Trupp an mehrheitlich bejahrten Juristen in maßgeschneiderten Anzügen marschiert vor meinem inneren Augen vorbei. Nein, die waren es nicht. Das sind Paragraphenreiter, keine Treppenschleicher und Meuchelmörder.

Pittertatscher klappt sein Notizbuch wieder zu. „Ich will ganz ehrlich sein, wenn Sie es nicht waren ..."

Abrupt richte ich mich auf. „Ich habe Mads nicht umgebracht! Ich bin ein grundsolider, anständiger Mensch!"

„Ha!", ruft da eine mir fremde Stimme. In abfälli-
gem, zweifelndem Tonfall.

Pittertatscher, Bröcki, Yves und ich schauen zur
geöffneten Schlafzimmertür, in der eine sehr streng
blickende Frau in hochwertiger Designer-Tracht und
mit Betonfrisur steht. Sie wedelt mit einem fleckigen
Umschlag.

Eine Kollegin des Kommissars mit einem wichtigen Laborbefund?

„Kann ich Ihnen helfen?", frage ich von oben herab, obwohl ich im leicht zerknautschten Negligé auf
dem Bett sitze, während sie ein handbesticktes, weiß-
grünes Edeltrachtenjankerl mit dazu passendem Fal-
tenrock und High Heels trägt, was ihr einen klaren
Autoritätsvorsprung verschafft. Beinahe hätte ich mir
exakt dasselbe Outfit bei *Stassny* in der Getreidegasse
gekauft, aber der Rock kniff.

„Dieser Brief hier lag in Ihrer Küche. Im Müllei-
mer. Zwischen Apfelschalen und Teebeuteln", blafft
sie pampig.

Ist die von der Mülltrennungspolizei? Gibt es sowas in Salzburg?

Egal, Angriff ist die beste Verteidigung. „Wer sind
Sie?", blaffe ich genauso pampig.

„Höldt. Erster Stock! Sie haben sich an meiner Post
vergriffen!" Sie wedelt heftiger.

Unverschämtheit, will ich rufen, aber da fällt mir
wieder ein, dass ich mir hitzebedingt einen Bütten-
Umschlag ... äh ... ausgeborgt habe, um ihn während
des Aufstiegs als handbetriebenen Ventilator zu miss-
brauchen. Das ist jetzt peinlich.

„Yves", dröhne ich, „wie konntest du nur?!"

„*Quoi?*" Yves versteht nur Bahnhof.

Bröcki riecht den Braten. „Wir entschuldigen uns. Natürlich ein Versehen. So etwas wird nicht wieder vorkommen."

„Ich bitte darum. Postdiebstahl ist strafbar. Ich bringe das andernfalls zur Anzeige. Und ich wäre Ihnen sehr verbunden, wenn Sie künftig auf die Hausruhe achten könnten." Sie guckt noch einmal streng und geht. Bestimmt meint sie mit dem Lärmbelästigungsvorwurf nicht den Toten und die damit verbundenen Ermittlungen, sondern Springerstiefel-Gisbert mit dem scheppernden Reifrock.

Yves, Bröcki und Pittertatscher schauen mich an.

„Wo waren wir gerade?", frage ich.

„Sie meinten, Sie seien grundsolide und anständig." Pittertatscher grinst.

Depp!

„Was immer man mir auch – ohne die mildernden Umstände zu kennen! – vorwerfen mag, ich bin *keine* Mörderin!", erkläre ich.

Unbeeindruckt entgegnet er: „Wenn Sie es nicht waren ..." Ich öffne den Mund, aber er hebt die Hand. „... dann tippe ich auf Suizid."

„*Mon dieu!*", quietscht Yves entsetzt und presst sich die Hand auf den Mund. Leider ist aus dem Quietschen eine gewisse sensationslüsterne Begeisterung herauszuhören.

Bröcki drückt mir Radames in die Arme, dessen rosa Zunge weit aus seinem Maul hängt. Sein Bäuchlein hebt und senkt sich rhythmisch. Der schläft noch eine Weile.

Kommissar Pittertatscher nickt. „Mein Instinkt sagt mir, dass Mads Staun seinen Konkurrenten James O'Shay getötet hat. Mit dieser Schuld konnte er nicht leben und richtete sich selbst."

„*Mon dieu!*", quietscht Yves erneut, jetzt eindeutig begeistert.

„Meine Damen", sagt Pittertatscher, dreht sich um und verlässt das Schlafzimmer.

Stille senkt sich über den Raum. Draußen hört man natürlich noch die Spurensicherer und den Verkehr von der Schwarzstraße, aber hier im Schlafzimmer wird es auf einmal ganz leise. Man hört nur die Hechelatmung von Radames. Und vielleicht die von Yves, das möchte ich nicht ganz ausschließen.

„Mads soll Jimmy ermordet haben?", raune ich und schaue zu Bröcki. „Das kann ich nicht glauben!"

„Glaub's besser", meint Bröcki. „Denn wenn er es nicht war, warst es du!"

Jeder Mensch besitzt die Fähigkeit, andere glücklich zu machen – einige dadurch, dass sie einen Raum betreten, andere dadurch, dass sie ihn verlassen.

Pittertatscher gehört zur zweiten Kategorie. Das hat nicht ursächlich etwas mit seiner Person zu tun – er ist bestimmt ein Netter, den mehr Menschen lieben als nur seine Mutter –, aber seine Berufswahl trägt eben nicht dazu bei, sich auf Anhieb Freunde zu schaffen.

Wir liegen mittlerweile zu zweit auf dem Bett. Yves ist ächzend neben mich gekrochen.

„Hach, ist das alles aufregend", haucht er, als die Tür hinter Pittertatscher zufällt, beugt sich über die Bettkante und holt den Flachmann aus dem Nachttisch.

„Woher weißt du, dass ich einen Flachmann in meiner Nachttischschublade habe?", verlange ich zu wissen.

„Was glaubst du denn, was ich den ganzen Tag mache, während du bei den Proben bist?" Ungerührt schraubt er die Flasche auf und hält sie mir hin.

„Herumschnüffeln?"

„Staubwischen! Und jetzt nimm einen Schluck, das beruhigt."

„Ich bin ruhig, ich bin die Ruhe in Person!", fauche ich.

Radames kommt zuckend zu sich.

„Pauly hat Drogen eingeworfen, die darf jetzt nichts trinken", sagt Bröcki zu Yves. „Gib her!", verlangt sie und trinkt. Durstig. Das sollte man mit hochprozentigem, zwölf Jahre alten Single Malt eigentlich nicht tun. Nerven zu zeigen sieht ihr gar nicht ähnlich. Was ist nur in Bröcki gefahren? Wenn hier jemand eine Szene machen darf, dann doch wohl ich. Die Diva. Die anderen sind nur die *supporting actors* in dem Film meines Lebens.

„Ich habe das Gefühl, urplötzlich in eine finstere Parallelwelt geraten zu sein", jammere ich. „Jimmy tot, Mads tot ..."

„Du unter Mordverdacht", wirft Yves hilfreich ein, reißt Bröcki fast gewaltsam den Flachmann wieder aus der Hand und nimmt selbst ein paar große Schlucke. Die beiden sind als Einzelkinder aufgewachsen, das merkt man.

„Wenn es Unfälle gewesen wären, damit käme ich ja noch klar. Nach der Premierenfeier betrunken mit dem Porsche gegen eine Hauswand fahren, bei der Generalprobe versehentlich durch die Bühnenfalltür stürzen, ja, okay, alles schon vorgekommen ... aber Mord?!" Ich presse den mittlerweile voll erwachten Radames an meine Körbchengröße C. (Ja, C. Meine Büste kann mit meiner Hüfte zu meinem großen Bedauern nicht mithalten.) Er strampelt, aber nur halbherzig. Nicht weil er mit seiner tierischen Empathie spürt, in welch seelischer Not ich mich befinde, sondern weil er weiß, dass es bei solchen Gefühlsausbrüchen meinerseits hinterher immer ein Leckerli gibt – Pralinen für mich, Hundehappen für ihn.

Bröcki klettert ebenfalls aufs Bett und will Yves den Flachmann abnehmen. Die beiden liefern sich ein – halb gespieltes, halb echtes – Gefecht, bei dem sie sich gegenseitig auf die Handrücken klatschen. Bröcki gewinnt. Natürlich.

„Außergewöhnlichen Menschen passieren nun einmal außergewöhnliche Dinge, finde dich damit ab", erklärt sie, als hätte ich bei meinem Durchbruch als Operndiva eine Vereinbarung mit dem Schicksal unterschrieben, dass es in meinem Leben von nun an neben Rosensträußen, die mir von Verehrern auf die Bühne geworfen werden, auch tödliche Gemetzel unter meinen Freunden und Kollegen geben darf.

Ich will protestieren, aber da ruft es: „Party!"

Wir sehen uns an, kommen zu dem Schluss, dass es keiner von uns war, der gerufen hat, und schauen zum Fenster.

Auf der Leiter steht Branwen, sichtlich angetrunken. Sie hält eine halbleere Flasche Champagner in der Hand und schwankt bedenklich. Sofort ist Yves bei ihr – der Rücken ist vergessen –, hält sie fest und hilft ihr, ganz Gentleman, in mein Schlafzimmer.

„Danke, du Süßer", gurrt sie ihm zu. Dann dreht sie sich um, beugt sie sich weit aus dem Fenster und wirft Kusshände in die Tiefe. Zweifelsohne zu den Anstreichern, die ihr die Leiter zur Verfügung gestellt haben und dafür mit pastellfarbenen Einblicken belohnt wurden. Branwen trägt einen Minirock, und weil sie sich gerade so weit nach vorn beugt, werden auch mir diese Einblicke zuteil. Yves packt sie am Gürtel, bevor sie aus dem Fenster fällt, und zieht sie ins Zimmer zurück. Sie stolpert auf mein Bett zu und lässt sich schwer zwischen Bröcki und mir nieder. „Es ist aus", schnauft sie dabei, „aus und vorbei." Sie will die Champagnerflasche an ihren lippenstiftverschmierten Mund setzen, aber das weiß ich zu verhindern. Kein Komasaufen in meinem Schlafzimmer!

„Was ist aus?", fragt Bröcki mit ihrem unheimlichen Gespür für Inhalte. Ich dachte, Branwen habe den Lebensfaden von Mads gemeint, der abrupt abgeschnitten worden ist, aber nein, Bröcki behält recht, da steckt mehr dahinter.

„Das Festspielpräsidium ..." Branwen hält kurz inne, hickst, grinst breit und redet weiter: „... das Festspielpräsidium hat unsere *Entführung* abgesetzt. Aufgrund tragischer Umstände." Branwen nimmt Bröcki den Flachmann ab und trinkt in großen Schlucken. Ganz schlecht für ihre Stimme, aber sie muss ja jetzt nicht mehr singen.

Da dämmert mir: ich ja dann auch nicht mehr!

Der Whisky in meinem Flachmann ist wirklich rein medizinisch – bei Verdauungsproblemen wirkt er wahre Wunder, und wer viel unterwegs ist, hat auch viele Verdauungsprobleme. Darum war ich darauf nicht besonders erpicht, aber wenn ich nicht singen muss und es Champagner gibt, dann bin ich die Erste am Zapfhahn. Die Flasche ist zwar längst nicht mehr kalt, aber egal. Schon nach ein paar Schlucken setzt die Wirkung ein.

„Das ist doch blöd!" Wirre Gedanken schießen mir durch den Kopf – wenn man *einen* Tenor ersetzen kann, kann man auch *zwei* ersetzen. Mein erster

Auftritt bei den Salzburger Festspielen darf nicht einfach im Treibsand tragischer Ereignisse versinken! Da muss man doch was tun können! Ich schaue zu Bröcki und kratze mir die juckende Stelle am Ausschnitt.

„Guter Stoff!", konstatiert Branwen, als der Flachmann leer ist, grinst und kippt hintenüber auf den Kissenberg.

„Sind wir dagegen versichert?", frage ich.

Bröcki hebt die anscheinend frisch gezupften Augenbrauen. „Gegen volltrunkene Sopranistinnen, die sich in dein Bett übergeben, wenn sie wieder aufwachen?"

„Nein! Gegen den Ausfall der Oper!"

„Wie kannst du in einem solchen Moment an Geld denken?", schimpft Yves und will sich an meiner Champagnerflasche vergreifen.

Ich schubse ihn weg und rubble mir mit dem Flaschenboden über den juckenden Knöchel. „Ich bin nicht herzlos. Das Geld ist mir egal. Aber Jimmy und Mads waren echte Vollbluttenöre. Sie sitzen jetzt bestimmt oben auf ihrer Wolke und wünschen sich nichts sehnlicher, als dass wir in ihrem Angedenken eine grandiose *Entführung* hinlegen!", behaupte ich kühn, wobei ich eigentlich ganz sicher bin, dass nur Mads auf einem Cirrocumulus-Wölkchen das Halleluja an der Harfe zupft. Jimmy ist ohne jeden Zweifel unten in der Hölle und flirtet gerade auf Teufel komm raus mit Mrs. Luzifer, der Ehefrau von Satan.

Branwen fängt an zu schnarchen.

Yves will ihr die Nase zuhalten, wird aber von Bröcki daran gehindert. „Schätzchen, die *Entführung* muss auf jeden Fall abgesagt werden. Alles andere wäre pietätlos." Bröcki, die Stimme der Vernunft.

„Das war's also?", seufze ich. „Salzburg ist für mich gelaufen?"

„Immerhin lebst du noch", konstatiert Yves.

„Betonung auf *noch*", sagt Bröcki.

„Das ist nicht lustig, zwei Menschen wurden ermordet!", brumme ich.

„Das meine ich nicht, ich rede von deiner Verwandlung in das rote Pustelmonster." Sie schaut mir in den Ausschnitt. „Das liegt bestimmt an Yves' Pillen."

Yves folgt ihrem Blick und schlägt sich schon wieder entsetzt die Hand vor den Mund. Er ist kein Mann subtiler Gesten.

„*Sacre bleu*, du hast dich doch nicht etwa an meinen kleinen, rosa Pillen vergriffen? Die sind noch in der Testphase. Von einem Freund aus der Pharmaindustrie. Oh, Pauly!"

Ich schaue nach unten, sehe, dass meine Brust über und über mit roten Bläschen überzogen ist, und schreie gellend auf.

Radames fällt laut kläffend mit ein, bevor er noch einmal nach Luft schnappt und dann abrupt einschläft.

Die Tür wird aufgerissen. „Was ist jetzt wieder?"

Pittertatscher!

*Der Kommissar geht um ...*

Pittertatscher will mit uns etwas trinken gehen. Er als Einheimischer kennt sich aus und weiß, wo die besten fußläufig erreichbaren Tränken liegen. Aber wir lassen ihn gar nicht erst zu Wort kommen, sondern schlagen gleich den *Zirkelwirt* vor. Da waren wir schon, das kennen wir, da wollen wir hin.

Dass Pittertatscher sich mit einem roten Pustelmonster, einer Kleinwüchsigen und einem Kastraten in der Öffentlichkeit zeigt, noch dazu an einem Ort, wo ihn jeder kennt, spricht für seine unerschütterliche Bodenständigkeit. Oder er hat sich auf mich als Hauptverdächtige eingeschossen und will mich keine Sekunde mehr aus den Augen lassen.

„Sie wollen mich überwachen, stimmt's?" Ich bin sehr dafür, immer gleich mit der Tür ins Haus zu fallen.

„Aber nein, ich habe einfach justament Lust darauf, mit Ihnen allen etwas zu trinken." Pittertatscher grinst. „Zu Hause wartet ja nur mein Goldfisch auf mich."

„Ja klar", sagt Bröcki, aber sie sagt es lächelnd.

Yves mit seinem asymmetrischen Haarschnitt sagt nichts. Er trägt Radames und fächelt ihm Luft zu. Die Hitze und Luftfeuchtigkeit haben gefühlt sogar noch zugenommen. Eigentlich ist es Tierquälerei, den Kleinen so durchgaren zu lassen.

Weil sich der puterrote Ausschlag langsam, aber sicher auf meinen ganzen Körper ausbreitet, kehren wir unterwegs in der Engel-Apotheke ein, in der laut Schild neben der Tür Georg Trakl einst als Apothekengehilfe wirkte. Die Apothekerin bestätigt mir eine allergische Reaktion auf Yves' Pillen, liest seinen Beipackzettel durch, macht „ts, ts, ts", weiß dann aber ein Gegenmittel und gibt es mir mit der Mahnung, nie wieder von den Medikamenten Dritter zu naschen.

Wir lassen sie in dem Glauben, dass ich nach Hause gehen, das Mittel nehmen und mich hinlegen werde.

Was aber gar nicht geht. Mein Bett ist besetzt. Wir haben Branwen dort liegen lassen, damit sie ihren Rausch ausschläft.

Außerdem will ich nicht allein sein. Was man mir wohl kaum verdenken kann.

Und ich will mich betrinken. Wann, wenn nicht jetzt?

In einer andächtigen Prozession schreiten wir in Richtung *Zirkelwirt*. Es ist viel zu voll in der Stadt, um nebeneinander zu gehen. Also macht Pittertatscher den Anfang, gefolgt von Bröcki, dann ich, und das Schlusslicht bildet Yves mit Radames auf dem Arm. Ich wette, wir erinnern Eingeweihte an das berühmte Beatles-Abbey-Road-Entenmarsch-Albumcover – zumal Pittertatscher wie John Lennon einen weißen Leinenanzug trägt. Nur dass wir eher an eine Freakshow erinnern: groß, klein, dick und mager.

Gut, dass wir Harry auf dem Handy nicht erreicht haben, sonst hätten wir eine veritable Kolonne gebildet und gemäß Straßenverkehrsordnung eine Warnkennzeichnung gebraucht.

Dass ich mich unter Menschen traue – natürlich angemessen unkenntlich gemacht durch Grace-Kelly-Kopftuch und verspiegelte Sonnenbrille, die rote Haut unter einem knöchellangen, langärmeligen Versace-Kleid versteckt –, sagt viel über den Zustand meines Nervenkostüms aus. Ich schwitze wie ein Schwein. Aber diesen Preis zahle ich gern, solange mich niemand erkennt.

Pittertatscher kennt Schleichwege, wir kommen zügig voran.

Da wir nichts essen wollen, stellen wir uns an die Bar, wo es für uns vier gerade noch eine freie Ecke gibt. Denn natürlich ist auch der *Zirkelwirt* proppenvoll, wie eben ganz Salzburg.

„Was darf's heute sein?", fragt der freundliche Barkeeper. Trotz Hundertschaften von Gästen hat er uns wiedererkannt. Ausnahmsweise führe ich das nicht auf meine Bekanntheit als Sängerin zurück, sondern –

ganz realistisch – auf die Tatsache, dass nicht oft eine Power-Zwergin, eine rubeneskes Vollweib und ein hässlicher, kleiner Hund mit großen Ohren, der für das ungeübte Auge wie eine mutierte Ratte aussieht, in Dreier-Kombination mit wechselnder Zusatzbesetzung vorbeischauen.

„Vier Stangl-Bier", bestellt Pittertatscher.

„Sicher nicht", wirft Bröcki ein. „Für den Herrn Kommissar gern ein Bier, für mich eine heiße Schokolade, für meine Freundin irgendeinen Saft, auf einen halben Liter aufgespritzt, und für den jungen Herrn mit Hund einen Virgin Sex on the Beach. Das möge von nun an als ‚das Übliche' gelten, klar?"

„Für wen soll denn bitteschön der Saft sein?", erkundige ich mich giftig. Giftig, weil ich ahne, für wen Bröcki den Saft vorgesehen hat. „Die *Entführung* wurde abgesagt, ich brauche meine Stimme vorerst nicht. Meine Nerven dagegen schon, und die liegen mehr als blank!"

„Die Apothekerin hat strikt von Alkohol abgeraten. Wer weiß, welche Nebenwirkungen ihr Antiallergiemittel sonst hervorruft? Willst du vielleicht Brechdurchfall bekommen? Oder einen Damenbart? Also gibt's für dich nur Saft. Basta."

Ich bin zu geschwächt, um zu widersprechen. Und außerdem kenne ich Bröckis Pennäler-Blase. In spätestens einer Viertelstunde wird sie austreten müssen, und ich kann in aller Seelenruhe etwas Hochprozentigeres bestellen als so ein albernes Smoothieschorle.

Die Getränke kommen. Meins ist grün.

Wortlos prosten wir uns zu.

Aus den Augenwinkeln betrachte ich Pittertatscher. Groß, dunkel, verwuschelte Haare, einer von der Sorte Outdoorman. Der macht im Urlaub bestimmt Survival-

Touren à la Bear Grylls. Wenn's nicht so tierisch heiß wäre, dann würde er zweifelsohne eine Lederjacke und Jeans tragen. So ist es einfach nur ein kariertes Hemd zum Leinenanzug. Was laut *GQ* natürlich gar nicht geht, da bin ich mir sicher. Dennoch ... wenn ich nicht immer noch vom Liebeskummer gebeutelt wäre und es nicht ganz generell die Libido hemmen würde, jüngst verstümmelte Leichen gesehen zu haben, würde ich vermutlich meine Angel auswerfen. Aber so ...

Außerdem habe ich das dumpfe Gefühl, dass Pittertatschers Interesse jemand anderem gilt.

„Wird's langsam wieder?", fragt Yves und tätschelt die Luft über meinem Handrücken. Ich kenne meinen Bacillophobiker und weiß, dass er mich erst dann wieder berührt, wenn meine Haut nicht länger rot verpustelt ist. Auch wenn sein Kopf weiß, dass Allergien nicht ansteckend sind, fürchtet der Rest von ihm, die Pusteln könnten auf ihn überspringen wie fleischfressende Bakterien in einem Science-Fiction-Horrorfilm.

„Ja, alles gut." Ich nicke, weil das Jucken tatsächlich allmählich nachlässt, und wende mich an Pittertatscher. „Hören Sie, an Ihrer Stelle würde ich mich auch für höchst verdächtig halten. Ich war in der Nähe, als zwei Männer starben, es wäre die einfachste Lösung ..."

„In meinem Job lernt man frühzeitig, dass die einfachste Lösung in aller Regel auch die richtige ist", unterbricht er mich.

„Aber nicht in diesem Fall." Ich würde gern aufstampfen, aber dann bekommt Radames wieder einen Schnarchanfall. Irgendwie muss ich diesem verbohrten Kommissar verständlich machen, dass er seinen Täter auf der Straße findet, nicht in unseren Kreisen. Das hat nichts mit Elite zu tun – wir sind einfach zu busy oder wahlweise wiederum zu erschöpft, um loszuziehen und Leute umzubringen. „Ich gehöre einer farbenprächtigen, extravaganten Spezies an, die ständig auf einem Hochseil aus Können und Kunst balanciert, mehrere Sprachen beherrschen muss, ununterbrochen alle fünf Kontinente bereist, sich über dreißig, vierzig, ja bis zu hundert Instrumente hinweg ohne Verstärker hörbar zu machen hat – und das vor Tausenden kritischer Hörer ...“

„Sie sprechen von Opernsängern, oder?“ Pittertatscher ist nicht beeindruckt.

Ich nicke ergeben. Es ist zwecklos. „Ich war's nicht. Es ist nichts als ein saublöder Zufall, dass ich immer in der Nähe war.“

„Nein, sie war's nicht“, bestätigt Bröcki, und für den Bruchteil einer Sekunde rühren mich ihre Unterstützung und ihr Glaube an mich zutiefst, bevor sie fortfährt: „Pauly könnte keine Kettensäge bedienen, selbst wenn ihr Leben davon abhinge.“

Pittertatscher lächelt wortlos.

„Die Kettensäge müsste doch eine heiße Spur sein.“ Bröcki streicht sich eine Locke aus der Stirn.

„Standardmodell. Können Sie in jedem Baumarkt kaufen.“ Der Kommissar blickt kopfschüttelnd in sein Bierglas. „Natürlich hat der Täter auch Gummihandschuhe getragen. Nein, die Säge verrät uns nichts. Außer, dass der Täter im Umgang damit geübt sein muss. Sie wissen nicht zufällig, ob Mads Staun Heimwerker war? Wie ich hörte, hat er mit seiner Familie in einem ehemaligen Kutscherhaus gelebt. Hat er das mit eigenen Händen umgebaut?“ Er nimmt einen Schluck Bier.

Ich pruste verärgert. „Sie denken tatsächlich, Mads könnte Jimmy umgebracht haben! Lächerlich! Hören Sie, Mads war das nicht. Und er hat sich auch nicht selbst umgebracht. Als wir heute Vormittag zu mir gingen, war Mads völlig locker und gelöst. Ihn quälte nichts. Warum sollte er dann plötzlich von meinem Balkon springen? Das ist doch Quatsch!"

Pittertatscher leckt sich das Schaumbärtchen von der Oberlippe. „Sie wissen schon, dass Sie sich mit jedem Wort selbst belasten?"

„Wie bitte?" Ich schiebe meine Sonnenbrille in Richtung Nasenspitze, damit ich über die Gläser lugen kann. „Mads war ein guter Freund ... seit ewigen Zeiten. Ich hatte doch überhaupt keinen Grund ... Die Wohnungstür stand offen ..."

„Mein Schlüssel ist doch weg", ruft Yves, „den muss sich der Mörder gekrallt haben!"

Ich werfe ihm einen strengen Blick zu. „Das hieße ja, dass einer aus deinem engsten Kreis den Schlüssel an sich genommen hat!"

„Ja, aber dich entlastet es, weil du hast ja einen Schlüssel", hält Yves völlig logisch dagegen.

„Oder aber Sie haben den Schlüssel einfach verlegt, und es war doch Frau Miller."

Meine Pustelröte wird durch Wutröte intensiviert. „Ich war es aber nicht! Jimmy und Mads waren meine Freunde!"

An Pittertatschers Grinsen merke ich, wie sehr er es genießt, wenn ich nach Worten ringe. „Man kann auch einen Groll gegen alte Freunde hegen", wirft er ein. „Sie haben Jimmy ermordet – vielleicht, weil er sie an der Juilliard abserviert hat. Oder vielleicht, weil er sich Ihren Avancen hier in Salzburg verweigerte ..."

Bröcki, Yves und ich werfen unisono ein „Pö!" ein, weil sich Jimmy nie einer Frau verweigert hätte – selbst dann nicht, wenn es eine achtbeinige Außerirdische mit Tentakeln gewesen wäre. Gerade dann nicht!

„... jedenfalls *könnten* Sie ihn umgebracht haben, und Mads kam Ihnen auf die Schliche und musste ebenfalls sterben. Sie brachten ihn dazu, sich auf den Pflanzenkasten zu stellen, und stießen ihn über das Geländer."

Mich schaudert. „Niemals! Das ist doch abartig. Wenn ich schon jemand umbringe, dann sicher nicht so grausam."

Pittertatscher zuckt mit den Schultern. „Im Affekt?"

Ich leere den Rest meines Saftes. „Noch einen", rufe ich dem Barkeeper zu, aus reiner Gewohnheit, weil ich das immer so mache, wenn das Glas vor mir leer ist.

„Wenn es Ihnen ein Trost ist: Mads Staun hat nicht lange gelitten. Die Gerichtsmedizinerin hat mir bestätigt, dass seine Bauchaorta beim Aufprall komplett durchtrennt wurde. Es ging rasch zu Ende mit ihm."

„*Pardon.*" Yves schiebt sein Glas von sich. „Entschuldigt mich!", nuschelt er und eilt in Richtung Toilette.

Bröcki nippt ungerührt an ihrer heißen Schokolade. „Gott, der Ärmste. Bei der Hitze. Wie auf einem Grillspieß."

Ich wollte gerade das zweite Glas Saft an die Lippen setzen, aber bei Bröckis Worten rutscht es mir aus der Hand und fällt auf den Zirkelwirtboden, wo es nur knapp Radames verfehlt.

Radames, der gerade mit der Hündin am Nebentisch kokettiert, einer Neufundländerin – was Radames nicht stört, je mehr Frau, umso mehr gibt es, was er lieben und bespringen kann –, erschreckt sich natürlich und fängt an zu kläffen. Die Neufundländerin fällt mit ein, und auch ein Chihuahua an einem der

mittleren Fenstertische sowie etwas Unidentifizier-
bares, aber angesichts des tiefen Bass-Tons eindeutig
Großes im ersten Stockwerk schließen sich an.

Mich kratzt das nicht weiter, denn ich hatte eine
Epiphanie.

Heißes Eisen! Heiße Stangen!

„Oh Gott, ich ahne, worauf das hinausläuft!" Angewidert schaue ich zu Pittertatscher.

Zu meinen Füßen kniet der Barkeeper und sammelt die Scherben ein. Ich nehme Radames auf den
Arm, damit er sich keine Glassplitter in die Pfoten
eintritt.

„Worauf?", fragt Pittertatscher.

„Was?"

„Worauf läuft das hinaus?"

„Ja, merken Sie es nicht?" Nein, wie auch. Der
Kommissar hat doch sein Lebtag noch keine Oper gesehen. „Das Libretto der *Entführung*. Die Arie von Os-
man! In der Arie kommen Tötungsarten vor. Geköpft!
Gespießt auf heißen Stangen! Der Täter stellt das in
allen Einzelheiten nach!"

Pittertatscher legt die Stirn in Falten. „Wir sollten
besser keine voreiligen Schlüsse ziehen!"

„Doch, sollten wir. Dann verplempern wir keine
Zeit." Ich erstarre und kratze mich unbewusst am Ohr.
„Oh mein Gott ..."

„Was ist?" Pittertatscher versucht krampfhaft,
nicht auf meine knallroten Dumbo-Ohren zu schauen.

„*Erst geköpft, dann gehangen, dann gespießt auf
heiße Stangen* ... so heißt der Wortlaut im Libretto."

„Ja und?"

Ich befeuchte meine plötzlich ausgedörrten Lippen. „Jimmy wurde geköpft, Mads aufgespießt ... *gehangen* fehlt!"

Pittertatscher grinst. „Na also, das ist der Beweis, dass hier nicht nach der Methode Mozart gemordet wird."

„Nein." Ich werde bleich, springe auf, presse Radames an meine Brust, und bevor ich davonlaufe, rufe ich noch über meine Schulter: „Das beweist nur, dass wir den Erhängten noch nicht gefunden haben!"

## Stirb nicht als Jungfrau in Salzburg!

Ich bin zu spät gekommen!

Kaum hatte ich realisiert, dass der Täter die Arie des Osmin nachstellt, kam mir siedend heiß ein schrecklicher Gedanke.

Meine Wohnung! Die letzten Beamten haben sie mit uns zusammen verlassen, nur Branwen ist schlafend zurückgeblieben. Leichtes Spiel für einen bösen Buben.

Aus Angst, Branwen könnte tot an meiner Schlafzimmerdecke baumeln, bin ich nach Hause gerannt und die Stufen in den zweiten Stock förmlich hochgeflogen.

Und jetzt stehe ich hier und hyperventiliere.

Das Schlafzimmer ist leer!

Da höre ich ein Klirren aus der Küche. Der Mörder, der Branwen gerade an die Bauhaus-Deckenleuchte knüpft?

Ich will mich bewaffnen, aber in meinem Schlafzimmer liegt unpraktischerweise kein Nudelholz herum. Ich setze Radames auf dem Bett ab, greife nach einer Louboutin-Pantolette – die rote Sohle zeugt von ihrer Exklusivität, der spitze Absatz von ihrer Waffentauglichkeit – und schleiche zur Küche.

Luftanhalten, Tür aufreißen, hineinstürmen! Den Kampfschrei verkneife ich mir dieses Mal.

Aber Branwen baumelt nicht an der Decke.

Sie liegt vor dem geöffneten Kühlschrank, alle Viere von sich gestreckt, die Augen weit offen, aber blicklos.

Ich gebe einen Laut von mir – irgendwas zwischen gequältem Nagetier und Stimmbandfurz.

Branwen dreht den Kopf in meine Richtung und fragt: „Alles in Ordnung?" Sie richtet sich auf ihre Ellbogen auf. „Du siehst echt nicht gut aus. Eigentlich siehst du sogar richtig scheiße aus."

Einem Herzkasper nahe suche ich Halt am Küchentisch. Die Anspielung auf mein Pusteldesaster ignoriere ich. Radames kommt aus dem Schlafzimmer angelaufen. Er schwanzwedelt sich zu Branwen und leckt ihr die Hand.

„Gott sei Dank, du lebst!" Ich versuche, meine Atmung wieder zu regulieren. „Ich bin ja so froh."

Branwen legt sich wieder hin, ihr Blick wandert zurück zur Decke. Mit Fake-Stuckgirlande rund um den Küchenlüster aus der Bauhaus-Ära. „Gerade noch so." Sie rülpst. „Mir ist nicht gut." Noch ein Rülpser.

Vor Erleichterung schnaufe ich tief, sehr tief aus und lasse mich quasi mental in einen offenen Sitzsack fallen. „Hauptsache, du bist nicht tot!"

Das klingt glücklicher, als ich bin. Nur weil man jemand seit Urzeiten kennt, heißt das noch lange nicht, dass man ihn auch mag. Oder sie.

Ich schließe die Kühlschranktür. Wenn ich eins nicht ausstehen kann, dann Energieverschwendung. Beim Schließen der Tür sehe ich noch, dass Branwen nicht aus Gründen der Abkühlung in sommerlicher Abendhitze diese Position gewählt hat, sondern um sich an Bröckis und meinem Mozartkugelvorrat zu vergehen.

Jetzt wird mir auch klar, warum Radames ihre Hand so hingebungsvoll abschleckt, obwohl ihn sonst nur seine Männerfreundschaften zum Schwänzchenrotieren bringen – da müssen noch Schokoladenschlieren an Branwens Fingern sein.

Sofort ziehe ich Radames von ihr weg. Schokolade ist tödlich für kleine Hunde.

„Warum liegst du hier?", will ich wissen.

„Dein Schlafzimmer ist voller Blumen, es riecht wie auf einer Beerdigung. Das ... ertrage ich nicht. Nicht heute. Also bin ich in die Küche geflüchtet."

„Gut und schön, aber warum liegst du auf dem Boden? Kannst du Thonet-Stühle auch nicht ertragen?"

„Ich habe solche Angst." Branwen schaut mich aus großen Augen weidwund an. „Zwei von uns sind tot. Was, wenn es dabei nicht bleibt? Wenn der Mörder es auch auf uns abgesehen hat?" Sie schluchzt. Hätte sie ein Spitzentaschentuch in Händen gehalten, sie hätte es jetzt gewrungen. „Ich will nicht als Jungfrau sterben!"

Äh ... wie bitte?

In emotionalen Momenten verhört man sich ja gern mal. Ob sie ihr Sternzeichen meint? „Du bist ... Jungfrau?"

Branwen nickt. Dann rappelt sie sich mühsam auf, stellt sich vor mich, packt mich an beiden Armen und flüstert: „Ich will auf gar keinen Fall als Jungfrau in Salzburg sterben!"

„Glaube mir, meine Liebe, man will *nirgends* als Jungfrau sterben!" Ich bleibe ganz ruhig. Aber anders als Branwen steht mir ja auch nicht das potenzielle Schicksal bevor, als eine von zweiundsiebzig Jungfrauen im Paradies einen minderintelligenten, fanatischen muselmanischen Selbstmordattentäter verwöhnen zu müssen.

Allerdings hätte ich auch nie geglaubt, dass eine Frau, die länger als fünf Minuten in der Gegenwart unseres nymphomanen Iren O'Shay – von Eingeweihten lange vor *Fifty Shades of Grey* schon gern *O'Shady* genannt – verbracht hat, noch Jungfrau sein könnte.

Nein, anders formuliert, ich hätte nie geglaubt, dass eine Frau, die nur unwesentliche fünf Jahre jünger ist als ich, überhaupt noch Jungfrau sein kann! Sich botoxen zu müssen, noch bevor man von einem Mann – oder einer Frau, da bin ich völlig vorurteilslos – defloriert wurde, das ist doch ein Super-GAU-Schicksal sondergleichen.

Obwohl ich natürlich immer schon gewusst habe, dass Branwen ohne eigenes Verschulden in eine obskure christliche Sekte hineingeboren wurde. Auf einer Party an der Juilliard hat sie mir einmal voller Stolz verkündet, dass sie sich für ihren künftigen Ehemann aufbewahren wolle. Schön und gut – für eine knapp Zwanzigjährige. Aber nun trennen sie nur noch wenige Tage von ihrem dreißigsten Geburtstag! Irgendwann ist der Zug abgefahren, und der Bahnhof wird zur Geisterstadt.

Wäre ich ein Casanova wie Jimmy, hätte ich Branwen als echte Herausforderung betrachtet – als den Everest unter den Frauen, dessen Erstbesteigung in die Annalen der Weltgeschichte eingehen würde.

Diesen Gedanken artikuliere ich auch gleich: „James hat dich nicht besprungen? Echt nicht?"

„Nein!" Branwen wird knallrot. Wie ein Hummer, den man in kochendes Wasser geworfen hat. Sie druckst kurz herum. „Er hat mich am ersten Abend hier in Salzburg gefragt, ob ich auf seiner Zauberflöte spielen will ..."

Ich glucke.

„... aber ich habe das abgelehnt. So soll mein erstes Mal nicht sein, habe ich zu ihm gesagt. Nicht so ..." Branwen schwankt im Stehen. Wie ein Kapitän, der nach zehn Jahren auf See zum ersten Mal wieder festen Boden unter den Füßen hat. „Nicht so ..."

„So gefühllos? So lieblos? So fließbandartig?", werfe ich ein. „Braves Mädchen. Wenn schon einer

Kerben in den Bettpfosten ritzt, dann solltest du das sein, nicht dein Toyboy."

Tränen glitzern in Branwens Augen. „Jimmy war so süß. Ich habe mir nach reiflicher Überlegung vorgenommen, dass er mein Erster werden soll. Das war nur Taktik von mir, dass ich mich geziert habe. Weil man doch überall liest, man soll als Frau so tun, als sei man schwer zu kriegen, das mache die Männer ganz wild." Das Stehen verursacht ihr sichtlich Übelkeit, folglich legt sie sich wieder auf den Küchenboden. Was auch sonst. „Wenn er mich nochmal gefragt hätte, dann ..." Sie schluchzt, verschluckt sich, weil man in Rückenlage schlecht heulen kann, hustet und ruft: „Jetzt kann er mich nie mehr in die Geheimnisse der Liebe einführen!"

Ich verkneife mir die lapidaren Kommentare, die mir auf der Zunge liegen. Dass beispielsweise ‚der Erste' niemand sein sollte, für den man sich erst nach reiflicher Überlegung entscheidet. Oder dass James O'Shay die Geheimnisse der Liebe nie kennen gelernt hat, sonst hätte er nicht so wahllos herumgevögelt. Er verstand noch nicht einmal etwas von gutem Sex. Nur in Sachen One-Night-Stands war er Experte und Guinness-Rekordhalter.

Ich setze Radames auf dem Küchentisch ab – ja, so eine bin ich: Haustier auf Küchentisch –, hole eine Flasche Taittinger aus dem Kühlschrank und öffne sie. „Wir feiern jetzt. Dass wird noch leben! Und dass für uns noch alles möglich ist!"

„Weißt du, was du immer gesagt hast?" Branwen springt auf einmal erstaunlich behände auf – jetzt hat sie es ja auch schon geübt – und krallt sich in meine Unterarme. Gut, dass die adäquat gepolstert sind, sonst hätte sie mir die Blutzufuhr abgeschnürt. „Du hast immer gesagt: Lebe, bis du sattgeküsst und des Trinkens müde bist."

Wie ich schon sagte, ich stehe auf Küchenkalendersprüche.

Blitze wilder Entschlossenheit schießen aus Branwens rehbraunen Augen. Einen Moment lang fürchte ich schon eine Nachstellung der berühmten Kussszene zwischen Madonna und Britney Spears bei der MTV-VMA-Verleihung. Aber sie reißt mir dann doch nur den Champagner aus der Hand und trinkt in großen Schlucken direkt aus der Flasche. In *zu* großen Schlucken – kostbare Tropfen rinnen ihr übers Kinn und platschen auf den Küchenboden, wo sie gleich darauf von Radames aufgeschleckt werden.

Branwen ist emotional so stabil wie ein Ikea-Beistelltisch.

Jetzt, wo James tot ist, den sie sich als Entjungferer auserkoren hatte, sieht sie wohl ihre Felle davonschwimmen. Wer bleibt noch nach Jimmy? Die Antwort auf diese Frage erhalte ich keine zwei Sekunden später, als Branwen ganz beiläufig tut und fragt: „Du, sag mal ... was ist eigentlich mit deinem Yves?"

„Was soll mit ihm sein?" Ich ahne, worauf das hinausläuft, stelle mich aber dumm.

„Ist er schwul oder hetero?" Branwen wird tatsächlich schon wieder rot. Ich glaube ja, der Storch hat sich vertan und sie gut hundert Jahre zu spät auf der Erde abgeliefert. Sie gehört ins viktorianische Zeitalter.

„Branwen, das willst du doch gar nicht. Für dich muss es romantisch sein. Der Ritter auf seinem Schimmel muss angeritten kommen und dich im Sturm erobern. Alles andere ist zweite Wahl." Ich hole ein Kristallglas aus dem Küchenschrank. Wenigstens eine hier im Raum sollte ihren Champagner stilvoll kippen.

Branwen hickst. „Ich habe lange genug auf den Richtigen gewartet. Das Warten muss ein Ende haben. Du weißt doch, dass man als Über-Dreißigjährige eher einem Terroranschlag zum Opfer fällt, als dass man Sex bekommt."

Ähm ... der Spruch lautet etwas anders, aber ich korrigiere sie nicht. Wenn sie sich in Selbstmitleid suhlen will, dann soll sie das. Tut manchmal ganz gut.

Ich nehme ihr die Flasche ab und schenke mir ein.

Branwen starrt mir auf den – zugegebenermaßen sehr fraulichen – Bauch. „Was ich dich eigentlich immer schon fragen wollte ... bist du schwanger?"

Würde es auffallen, wenn ich sie jetzt mit der Louboutin-Pantolette erschlage, die ich auf der Küchentheke abgelegt habe? Ich könnte die Tat dem Serienmörder unterschieben ...

„Ja", sage ich.

„Also doch! Ich wusste es!" Sie strahlt triumphierend. Dann wird sie abrupt ernst. „Aber solltest du in deinem Zustand Alkohol trinken?"

„Ein Glas Champagner schadet dem Kleinen nicht." Kurz muss ich an Bröckis Warnung denken, dass ich aufgrund des Antiallergikums aus der Apotheke nach dem Alkoholgenuss einen Damenbart bekommen könnte. Egal. Das ist es mir wert. Ich nehme einen großen Schluck.

„Ich find's ja gut, dass du während der Schwangerschaft extra Mozart singen wolltest. Das wird dem Ungeborenen guttun", erklärt Branwen.

Ich nicke. Der Teufel reitet mich. „Ja, man kann gar nicht zeitig genug mit der musikalischen Früherziehung anfangen. Das muss weit vor der Geburt ansetzen. Jedem Kind ein Instrument! Wir könnten es Flöten für Föten nennen."

Wie nicht anders zu erwarten, strahlt sie wieder. „Eine glänzende Idee!" Dann fällt ihr Gesicht erneut in sich zusammen. „Ich wollte immer Kinder. Aber damit ist es nun vorbei."

„Ach Unsinn, du hast noch alle Zeit der Welt, um dich zu verlieben und zu heiraten und fruchtbar zu sein und dich zu mehren."

„Nein, es ist aus, die Zeit ist mir zwischen den Fingern zerronnen!" Sie greift zur Flasche, trinkt gurgelnd und wischt sich dann mit dem Handrücken über den Mund. „All die Jahre habe ich gewartet. Und die Jahre sind immer schneller vergangen. Mittlerweile habe ich das Gefühl, ich bin in einem Film, bei dem jemand auf ,schnellen Vorlauf' gedrückt hat – heute hier, morgen da, immer nur Proben und Auftritte und Pressetermine, immer nur mit Kollegen, von denen mittlerweile alle schwul oder verheiratet oder beides sind." Sie hickst. „Das kann es doch noch nicht gewesen sein?"

Ich nehme ihr die Flasche ab, weil mich die Angst beschleicht, Branwen könnte sie jeden Moment an die Küchenwand werfen, und es wäre wirklich schade um den Rest Taittinger. „Alles wird gut, Branwen. Irgendwann triffst du auf einen Dirigenten oder einen Regisseur, der dein Herz augenblicklich erobert, ihr heiratet und lasst zwei entzückende Kinder von einer Leihmutter austragen, und du wirst als gelungenes Beispiel für die Vereinbarung von Beruf und Familie zum Covergirl von *Vogue* und *Cosmopolitan*."

„Glaubst du wirklich?" Sie hickst erneut.

Radames hickst auch und legt sich ab.

Glaube ich natürlich nicht, aber ich besitze genug schauspielerisches Talent, um überzeugend zu nicken.

„Hier in Salzburg wird das nicht passieren." Branwen schnieft. „Unser Dirigent ist eine Frau, und unser Regisseur hat was mit dem Bühnenbildner."

Sie nimmt mir die Flasche wieder ab und leert sie. „Und außerdem verstreuen wir uns morgen schon wieder in aller Herren Länder. Die *Entführung* wurde ja abgesagt."

Verdammt, Branwens Liebesleben hat mich tatsächlich von meiner Mission abgelenkt. Ich will Pittertatscher doch beweisen, dass der Mörder sich an die Vorgabe von Osmin hält und folglich irgendwo irgendwer tot an einem Balken hängt. Da Branwen und ich hier höchst lebendig in der Küche stehen, kann es nur Harry Cho sein, oder?

„Branwen, hast du Harry gesehen?"

Sie schürzt die Lippen und bekommt vor lauter Nachdenken einen Silberblick. „Ja."

Ich warte, aber es kommt nichts mehr.

„Wo?" Ich brülle es fast.

„Heute Morgen auf der Terrasse bei Luigis Frühstücksansprache."

„Herrje, das weiß ich doch, das meine ich nicht. Hast du ihn seitdem gesehen? Warst du bei der Probe heute Nachmittag?" Zu der ich nicht gehen konnte, weil ich wegen Mads verhört wurde.

Ihr Silberblick wird noch silbriger. „Nein. Luigi hat mich zu Hause angerufen und gesagt, dass alles aus und vorbei ist. Ich habe geheult, und dann habe ich all meine Weinbrandbohnen gegessen, und dann bin ich zu dir gekommen. So war das." Sie lallt schon wieder. Manche Menschen vertragen tatsächlich nichts.

Branwen schaut auf meinen Bauch. „Und wer ist der Vater?" Sie hickst. „Oh ... sag's nicht ... ich weiß es! Ich weiß es! Es ist ..."

Ich greife nach der Pantolette. Wenn sie jetzt den Namen des Tenors in New York nennt, dann tue ich es, dann knüpple ich sie nieder.

Branwen muss rülpsen. Dann schaut sie mich an und fragt: „Was wollte ich gerade sagen?"

Gerade nochmal Glück gehabt. Ich gehe mit der Pantolette ins Schlafzimmer, setze mich aufs Bett und drücke die Kurzwahl von Harry in meinem Handy. Es meldet sich keiner.

Vielleicht weiß Luigi, wo er ist. Aber Luigis Nummer ist besetzt. Mist.

Ich wähle erneut Harrys Nummer. Wieder nichts. Wenn ich mich nur erinnern könnte, wo er nach dieser Nacht im Gästebett von Festivalfreunden untergekommen ist. Es war irgendwas Luxuriöses. Heute Morgen hat er es erzählt, aber es will mir nicht einfallen. Herrje, ist das noch stressbedingt oder schon alterssenil?

Branwen kommt aus der Küche geschwankt und lallt: „Mir ist nicht gut." Sie lehnt sich an den Kleiderschrank und lässt sich in Zeitlupe auf den Parkettboden rutschen.

Bevor ich es im Präsidiumssekretariat der Festivalleitung versuche, läute ich nochmal bei Luigi durch. Diesmal klappt's.

„Luigi! Gott sei Dank erreiche ich dich. Weißt du, wo Harry ist?"

„Es sollte mein Durchbruch werden, die Krönung meines Lebenswerkes, es sollte in die Annalen des Festivals eingehen." Luigi hat mir gar nicht zugehört. Er ist ebenfalls angetrunken.

Mit nichts anderem habe ich gerechnet. Wenn die heilige Regel *The show must go on* gebrochen wird, sind auch alle Beteiligten gebrochen. Neun von zehn greifen in einem solchen Fall zur Flasche. Der Zehnte kifft.

„Luigi! Wo ist Harry?" Mit Betrunkenen muss man wie mit Kleinkindern reden. In einfachen Sätzen. Und laut.

„Harry?", wiederholt er.

„Hallohallohallooo", ruft es da in der Leitung.

Luigi kichert.

„Wer ist da?"

„Gisberto. Am Nebenanschlusso." Die beiden lachen sich schepps. Ist ja schön, dass sie so glücklich miteinander sind, das ändert aber nichts an der Tatsache, dass ich sie in diesem Moment für Idioten halte. Manchmal bringt Gott zwei Menschen zusammen, um den Rest der Menschheit vor den beiden zu bewahren. Sie haben sich verdient.

„Wo ist Harry?", verlange ich erneut zu wissen.

„Mönchsteino!", rufen beide unisono und schütten sich aus vor Lachen.

Ich lege auf.

„Geht es nicht schneller? Ich glaube, uns hat eben eine Weinbergschnecke überholt."

Wenn ich meinen Sarkasmus jemals aufgeben sollte, bliebe mir nur der Ausdruckstanz als Kommunikationsmittel. Aber der Taxler kurvt den Mönchsberg wirklich enorm langsam hinauf.

„Ich halte mich an die Geschwindigkeitsvorgaben."

Es kommt mir vor, als würden wir zum Fünf-Sterne-Hotel Schloss Mönchstein auf dem Mönchsbergplateau schleichen. Aber vermutlich täuscht mein Eindruck. Unsere Prioritäten klaffen auseinander: Ich will Harry das Leben retten und keine Sekunde verlieren, dem Taxifahrer liegt nur daran, seine Lizenz nicht aufs Spiel zu setzen. Hin und wieder lugt er besorgt in den Rückspiegel, ob ich auch ja nichts anfasse. Ich sehe immer noch akut leprös und hochansteckend aus. Eigentlich sollte ich es dem Mann hoch anrechnen, dass er mich überhaupt mitgenommen hat. Mich und Radames, der hechelnd auf meinem Schoß sitzt.

Endlich erreichen wir das Luxushotel über den Dächern der Mozartstadt, in dessen großzügigem Wellnessbereich keine Wünsche offen bleiben und in dessen haubengekröntem Restaurant man mit nationalen und internationalen Gerichten verwöhnt wird. Das habe ich zumindest unterwegs auf dem iPhone gegoogelt, um mir die Zeit zu vertreiben und nicht vor Ungeduld zu platzen. Mir ist auch wieder eingefallen, wie Harry heute Morgen – bevor ich zum Tee-Buffet ging – erzählte, er habe vorübergehend in der Suite von einem Verehrer das ‚Kindermädchenzimmer' bekommen. Nur so war es möglich, in der völlig ausgebuchten Hochsaison noch ein Bett zu kriegen.

Ich werfe dem Taxifahrer einen Schein zu, der ein ziemlich üppiges Trinkgeld bedeutet, klemme mir Radames unter den Arm und steige aus.

Angesichts des Trinkgelds hätte der Taxler ruhig warten können, bis ich im Hotel verschwunden bin, bevor er aus der Fahrertürseitentasche ein Desinfektionsspray zieht und damit den Platz einsprüht, auf dem ich eben noch saß.

Es spricht für die Güte des Hotels, dass niemand vom Empfang auch nur mit der Wimper zuckt, als das rote Pustelmonster, in das ich mich verwandelt habe, hektisch in die Lobby gelaufen kommt.

„Ich muss dringend mit Harry Cho sprechen", erkläre ich, wohl wissend, dass in solchen Häusern normalerweise keine Auskunft darüber erteilt wird, welche illustren Gäste hier untergekommen sind. Zumal die sich – wie wir aus Filmen wie Notting Hill wissen – gern auch unter Pseudonym einquartieren: Vielleicht war Harry hier nicht als Harry gemeldet, sondern als Balu, der Dschungelbuchbär, oder als Bruce ,Batman' Wayne.

Ich gehe aber davon aus, dass man mich – trotz entstellender Allergie – erkennt.

Und damit liege ich auch nicht falsch.

Nun ja, nicht ganz.

„Hach, ist das nicht der süße, kleine Radames, dutzi, dutzi, dutzi." Eine junge Brünette mit Bubikopf beugt sich über das Hundetier in meiner Achselhöhle. Besagtes Hundetier ist Fremden gegenüber normalerweise nicht gerade aufgeschlossen, fremden Frauen gegenüber schon gleich gar nicht, aber jetzt wackelt sein Mini-Schwänzchen, und er hechelt und schleckt die Hand, die ihn streichelt.

Die Frau schaut auf und schreckt zurück. „Hammer! Was ist denn mit Ihnen passiert?"

„Kennen wir uns?", blaffe ich, unfreundlicher, als ich es geplant hatte. Und ich hatte es schon sehr unfreundlich geplant.

„Ich bin Gitte, die Frisörin von Yves. Er hat heute Nachmittag völlig aufgelöst Radames geschnappt und ist davongelaufen, als Frau Goldacker erzählte, dass man bei Ihnen vor dem Haus eine Leiche gefunden habe. Nein, in was für einer Welt leben wir nur?!"

Aha, das ist also die Frau, die Yves' Haupthaar so verschnitten hat.

„Sie müssen Frau Miller sein, nicht wahr? Ich freue mich." Sie hält mir unerschrocken die Hand hin, was mich etwas milder stimmt. Wer – mit Ausnahme einer reinkarnierten Mutter Teresa – schüttelt einer

Pustel-Leprösen schon freiwillig die Hand? Aber ich bin in höherem Auftrag unterwegs und habe keine Zeit für Friseusen-Smalltalk. Die Hand baumelt ins Leere. Bis Radames seine rosa Riesenzunge ausfährt und sie weiter abschleckt.

„Wissen Sie, wo ich Herrn Cho finde?", frage ich den jungen Herrn am Empfang. „Ich bin Pauline Miller. *Die* Pauline Miller", sage ich, nur zur Sicherheit. „Ist er auf seinem Zimmer?"

„Herr Cho hat mich heute Mittag gleich nach dem Check-in gebeten, für ihn und eine Begleitung einen Tisch im *M32* zu reservieren. Seitdem habe ich ihn nicht mehr gesehen."

„Das *M32* ist das Restaurant im Museum der Moderne, hier fußläufig nebenan", erläutert mir Gitte.

Als ob ich das nicht wüsste.

„Da kann er doch unmöglich immer noch sein", denke ich laut.

„Ach, warum nicht? Der Blick ist herrlich. Vom Lunch geht es unmerklich zu Kaffee und Kuchen über und schließlich zur Cocktailstunde. Ich würde Sie ja gern hinüberbegleiten, aber ich habe einen Termin zum Frisieren."

„Schon gut. Danke."

Ich laufe los. Hier oben ist es kühler als unten in der Stadt. Die Bäume agieren als natürliche Klimaanlage. Radames, den ich abgesetzt habe, galoppiert begeistert von links nach rechts und wieder nach links und kann gar nicht so schnell und so oft sein Beinchen heben, wie es ihn dazu drängt, sein *Ich-war-hier!* an die Stämme zu pullern. Eine echte Herausforderung, in einem Wald jeden Baum markieren zu wollen. Ich bin froh, dass das bei uns Menschen anders geregelt ist.

Unterwegs wähle ich noch einmal Harrys Handynummer. Was ich nicht mehr sehr oft tun kann, denn mein Handy meldet, dass der Akku-Ladestand unter zwanzig Prozent beträgt.

Ich höre es klingeln. Nicht nur in der Leitung. Ich höre auch Harrys Klingelton. Ganz in der Nähe.

Wir haben alle personalisierte Klingeltöne, und ich bin nicht die Einzige, die sich selbst singen hören will, wenn jemand anruft. Es gibt natürlich Kollegen, die das für abgeschmackt und peinlich halten, aber ich sage, die haben allesamt nur Angst, dass ihr Handy irgendwann der einzige Ort sein wird, wo sie noch singen dürfen.

Zwischen den Bäumen dröhnt der tiefe Bass von Harry das Lied des Stadinger aus Lortzings *Waffenschmied*: „Auch ich war ein Jüngling mit lockigem Haar."

Die Hoffnung stirbt zuletzt. Darum hoffe ich, dass Harry auf dem Rückweg zum Hotel – den Weg verlassend – einfach mal durch's satte Grün schlendern und hin und wieder einen Baum umarmen wollte. Könnte doch sein, oder?

Und da sehe ich ihn auch schon.

Harry.

Grizzlybär Harry Cho aus Korea, der damals, als er an die Juilliard kam, uns allen beibrachte, mit Stäbchen zu essen. Auch Spaghetti. Gerade Spaghetti. Nur was für Könner!

Harry, der sich vor allem durch seinen Humor auszeichnete. Dieser Buddha von einem Mann behauptete stets, selbstverständlich habe er einen Waschbrettbauch. „Ich liebe meinen Sixpack so sehr, dass ich ihn unter einer schützenden Fettschicht lagere." Und dann grinste er von einem Ohr zum anderen.

Es muss viel, sehr viel Kraft gekostet haben, ihn zu erdrosseln und dann hochzuziehen.

Versteckt hinter einem struppigen Busch hängt er leblos an einem dicken Ast. Und singt immer noch, weil ich es immer noch klingeln lasse. Ich unterbreche die Verbindung und stecke mein Handy weg.

Radames kommt angelaufen, sieht die Leiche am Baum baumeln, kläfft einmal laut ...

... und ratzt wieder weg.

Und jetzt kippt auch noch das Wetter. Wie aus dem Nichts hat sich eine Wolke über den Mönchsberg geschoben, es fängt an zu tröpfeln.

Na toll, Schnürlregen und ein Strangulierter.

Ich ziehe mein Handy wieder heraus und wähle die Nummer von Kommissar Pittertatscher. Der hat mich offenbar eingespeichert und erkennt am Display, wer ihn da kontaktiert. Statt einer Begrüßung sagt er nämlich gleich: „Hallo, Frau Miller. Wo hat der Sensenmann jetzt wieder gemäht?"

## Eine kleine Mordmusik

Ich werde in einen schmucklosen Raum ohne Aussicht geführt, wo ich gefühlte Ewigkeiten warte. Kein Kaffee da, und man hält mich mit Versprechungen hin. So hat das damals auf der *Bounty* bestimmt auch angefangen.

Meine Aussage zum Hergang des Leichenfundes habe ich einem Subalternen bereits zu Protokoll gegeben. Was wollen die hier noch von mir?

Ich rufe Bröcki an. „Bröcki, wo bist du?"

„Ich habe gerade Branwen zu der netten Ankleiderin in der Strubergasse verfrachtet, die ihr für ein paar Nächte Unterschlupf angeboten hat. Und stell dir vor, sie hat mir erzählt, dass du schwanger bist!"

Unwillkürlich muss ich grinsen. Besoffen, wie Branwen war, hat sie sich dieses Kleinod natürlich gemerkt und gleich brühwarm weitererzählt. „Bin ich nicht."

„Ein Trost. Wo bist du jetzt?"

„Bei der Mordkommission. Und ich ..."

... brauche dich an meiner Seite, wollte ich sagen. Aber der Akku meines Handys gibt abrupt den Geist auf. Das ist blöd, weil ich natürlich kein Ladekabel dabei habe.

Ich recke die Arme zur Decke und stoße einen genervten Schrei aus.

Das hätte ich womöglich schon früher tun sollen, denn es bringt Ergebnisse.

Kommissar Pittertatscher betritt den Raum mit einer Thermoskanne und zwei Tassen. Endlich Kaffee!

Der Inhalt der Thermoskanne erweist sich allerdings als Batteriesäure. Pittertatscher ficht das nicht weiter an, sondern trinkt das Zeugs. Ich schaue nur

zu, wie die dunkle, dampfende Flüssigkeit ganz allmählich die Keramiktasse zersetzt.

„Sie sind vorhin im Wirtshaus mitten im Gespräch
davongelaufen", fängt der Kommissar an. „Ich dachte
schon, ich hätte Sie zu Tode gelangweilt, und da hätte
Ihr Überlebensinstinkt eingesetzt."

„Sie wollten mir ja nicht glauben, aber ich habe
recht – jemand will uns Opernsänger sukzessive auslöschen!"

„Also, dass es jemand auf das Ensemble der *Entführung* abgesehen hat, hab ich mir schon auch gedacht. Ich habe nur bezweifelt, dass er sich die Arie
von diesem Dingsbums zum Vorbild genommen hat.
Aber jetzt ...“ Er nimmt einen Schluck von der Säure.
Genießerisch langsam. Den Genuss kaufe ich ihm
nicht ab. Mit diesen dramatischen Pausen kocht er
bestimmt immer die Verdächtigen weich. Damit wird
er bei mir keinen Erfolg haben.

Die Sekunden verstreichen. Ich kratze meine roten
Pustelstellen an Hals und Handgelenk.

Na gut, vielleicht ist seiner Methode doch Erfolg
beschieden. Ein kleiner Achtungserfolg. Weil ich das
Schweigen nicht länger aushalte.

„Aber jetzt?", hake ich ungeduldig nach.

Der Kommissar schaut zu Radames, der an dem
Gummibaum in der Ecke schnüffelt. Der Gummibaum
sieht aus wie der Hauptdarsteller in einer Doku über
Zombie-Zimmerpflanzen – irgendwie untot.

„Der wird doch jetzt nicht sein Beinchen heben?"
Pittertatscher legt die Stirn in Falten.

Verhörräume habe ich mir anders vorgestellt. Mit
Einwegspiegeln und Eisenringen am Boden, an denen
man die Schwerverbrecher mit Fußfesseln anketten
kann. Aber die LPD Salzburg hat offenbar andere Ein-

richtungsmaßstäbe. Es gibt nur eine Art Schreibtisch mit zwei Stühlen und ein Fenster mit Blick auf die Hauswand des Nebengebäudes, über die sich – es ist schon spät – langsam das Dunkel der Nacht legt.

„Nein, mein Kleiner hebt nicht das Bein. Selbst wenn, was soll's, toter als tot kann der Gummibaum auch nicht mehr werden."

„Den hat mir meine Chefin geschenkt", erklärt Pittertatscher. „Und außerdem will ich nicht, dass es in meinem Büro nach Hunde-Urin riecht."

Meine linke Augenbraue hebt sich skeptisch. *Sein Büro?* Dieser gesichtslose Raum, bar jeder Individualität, nur mit einem Rollladenschreibtisch, zwei Stühlen und einem Gummibaum, ist sein Büro? Ist der Mann ein Roboter, der keine Fotos seiner Lieben und keinen von seiner Mutter im Volkshochschulkurs gebastelten Makramee-Blumenhalter braucht, weil er keinerlei Privatleben hat, sondern nach Dienstschluss ausgeschaltet wird? Oder wie Seven-of-Nine in einem Regenerationsalkoven aufgeladen wird?

„Radames ist stubenrein", behaupte ich kühn und weiß mich darin auch zu fast 98 Prozent richtig liegend. „Sie wollten mir gerade erzählen, warum ich mit meiner Vermutung doch recht habe und der Serienkiller ein Opernkenner sein muss."

Pittertatscher schenkt sich noch mehr Kaffee ein. „Unsere Gerichtsmedizinerin hat bestätigt, dass Herr Cho am frühen Nachmittag ermordet wurde, also kurz nach unserem Treffen im *Stein*. Und aller Wahrscheinlichkeit noch vor Mads Staun."

„Ha!", sage ich.

Pittertatscher sagt erstmal nichts. Er sitzt da wie Rodins *Denker* – nur angezogen.

Dann erklärt er: „Verstehen Sie mich jetzt nicht falsch, aber ich persönlich kann mich für die Oper nicht begeistern. Was haben Opern uns Heutigen schon zu sagen?"

*Wie bitte?*

Ich weiß gar nicht, wo ich anfangen soll. Außer erstmal in die Teppichkante zu beißen. In die nicht vorhandene. Der Linoleumboden ist nackt.

Bevor ich meiner Fassungslosigkeit Luft machen kann, fährt er fort. „Sie sehen das natürlich anders, das ist mir schon klar, aber wissen Sie, das dauert immer alles so lange, man versteht kein Wort, die Untertitelung rauscht viel zu schnell an einem vorbei, und deswegen weiß man nie, warum sich die Leute auf der Bühne jetzt in die Stratosphäre jaulen. Oper, das ist doch nur was für eine gut betuchte Elite, die unter ihresgleichen bleiben will. Was man als Reicher eben so tut, wenn's zum Golfspielen draußen zu dunkel geworden ist."

Frontalunterricht gibt es offenbar auch als Alltagsgesprächsverhalten. Oder zumindest als Verhörtaktik.

Darf der das? Ist das nicht total Unsalzburgerisch? Müsste Opern-Bashing hier in der Stadt nicht zur sofortigen Aberkennung seiner Bürgerrechte führen? Und ist es als Verhörmethode nicht auch völlig falsch, die Verdächtige zu verprellen, indem man deren Lebensinhalt verbal niederknüppelt?

Ich will etwas Indigniertes sagen, aber sein Monolog ist noch nicht zu Ende.

„Vermutlich haben Sie also insofern recht, als dass sich dieser Serienmörder mit Opern auskennt. Was mich auf den Gedanken bringt, dass Oper womöglich nichts weiter als ein nicht-interaktives martialisches Videospiel für Tattergreise ist. Wenn man sich das oft genug antut, wächst die Blutlust. Opern sind Vorlagen, die zu kriminellen Akten animieren. Ich bin ja nicht erst seit gestern auf der Welt und habe schon einige Opern ausgesessen. *Don Giovanni* beginnt beispielsweise mit einem Mord, es gibt eine versuchte Vergewaltigung, und am Ende fährt der Don schreiend in die Hölle. Oder diese äußerst herzige Oper *Wozzeck* von Alban Berg, wo sich ein behämmerter Soldat ertränkt, nachdem er seine Freundin umgebracht hat. War die nicht sogar schwanger? Und das ist nur die Spitze des Eisbergs. Nehmen wir zum Beispiel *Tosca* ...“

Ich unterbreche ihn. „Opern sind eben nichts für Weicheier. Aber die Prozentzahl der Schwerverbrecher, die gern Opern besucht, geht gegen null, da gehe ich jede Wette ein.“

„Genau!“ Er nickt. „Die Zahl mag gegen null gehen, aber sie ist nicht gleich null. Ein wesentlicher Unterschied. Und in einem Punkt bin ich mit Ihnen nicht d'accord: Wer sofort, nachdem er Harry Cho auf dem Mönchsberg erhängt hat, zur Salzach fährt, um dort in Ihrer Villa Mads Staun aufzuspießen, der muss gewusst haben, wie Ihr Zeitplan aussieht und wo Sie sich alle aufhalten. Das ist für einen Außenstehenden gar nicht machbar, zumal sich aufgrund der Ereignisse Ihre Tagesabläufe ja komplett geändert haben. Der Täter ist kein x-beliebiger Opernliebhaber. Nein, der Täter gehört zum inneren Kreis. Es ist einer von Ihnen.“

Das muss ich erst einmal verdauen. Mir war das ja klar, aber es nun aus seinem Munde zu hören, ist irgendwie verstörend. Andererseits hat das auch sein Gutes. „Immerhin glauben Sie jetzt nicht mehr, dass ich die Mörderin bin.“

„Wie kommen Sie denn auf diese entzückende Irrmeinung?“ Pittertatscher lächelt milde, wie ein greiser

Erzbischof, der genau weiß, dass all seine Schäfchen pechschwarz sind und in die Hölle fahren werden.

„Sie könnten durchaus Mads Staun ein Narkotikum verabreicht und dann rasch auf dem Mönchsberg Harry Cho erdrosselt und aufgeknüpft haben, bevor Sie dann wieder in die Stadt gefahren sind, um Staun über das Balkongeländer zu wuchten. Das Ergebnis der toxikologischen Untersuchung steht noch aus."

„Wie soll ich denn bitteschön …?"

„Wir haben eine Anfrage an alle Taxiunternehmen geleitet, ob Sie am frühen Nachmittag eine Fahrt gemacht haben. Sie könnten natürlich auch irgendwo einen eigenen Wagen stehen haben, auch das prüfen wir. Oder Sie sind geradelt." Er mustert mich. „Nein, wohl eher nicht."

Wutköchelnd starre ich ihn finster an. Es gereicht mir als Trost, dass mein Radames, während Pittertatscher mir Anti-Opern-Tiraden auftischte, vom Kommissar unbemerkt den Gummibaum markiert hat.

Pittertatscher schiebt mir ein Blatt Papier über die Schreibtischplatte.

Es ist ein Schwarz-Weiß-Foto, aus einer Zeitung ausgeschnitten. Fünf junge Menschen im Vordergrund, dahinter eine ganze Reihe vornehmlich unscharfe Köpfe unterschiedlichen Alters. Es dauert eine Sekunde, bis ich die Fünf im Vordergrund wiedererkenne, weil ich keine zweidimensionale Sepia-Erinnerung besitze, sondern eine, die bunt und dreidimensional ist, und ich nicht auf Knopfdruck umschalten kann.

Von links nach rechts sehe ich Harry, mich, Jimmy, Branwen und Mads. Mir fällt auf, wie jung die anderen wirken. Ich war eine Spätberufene, kam erst im reifen Alter von über zwanzig an die Juilliard.

Es ist so viel passiert seitdem, aber langsam liefert mein Gedächtnis Eindrücke und Erinnerungen an diesen Abend. Es war ein Freitag. In der Paul Hall. Holzvertäfelung. Orgelpfeifen. Musiker im Frack. Und wir in unserer besten Abendgarderobe. Secondhand bei allen außer bei Harry, unserem reichen Erben.

Die Aufnahme zeigt uns, mit roten Wangen und verschwitzt und händchenhaltend, ganz am Ende des Abends, nachdem wir fünf jeweils eine Zugabe gegeben haben.

*Arien aus drei Jahrhunderten,* so hieß der Liederabend. Was für ein Triumph! Zugegebenermaßen hatte das Publikum mehrheitlich aus Mitschülern der Juilliard bestanden, aber dennoch – Triumph bleibt Triumph, und dieser hat uns Neulinge beschwingt auf seinen Flügeln hinaus in unser Berufsleben getragen. Wir sind alle was geworden!

Man hielt uns – mit Fug und Recht, wie sich rückblickend sagen lässt – für die Zukunft der Oper. Die *Salzburger Nachrichten* – daraus stammt auch das Foto – haben das in einem sehr schönen Artikel aufgegriffen: *Klassentreffen in der Mozartstadt.* Dabei waren wir seinerzeit gar nicht in derselben Klasse, sondern für verschiedene Abschlüsse eingeschrieben. Es gab nur hin und wieder Überlappungen. Im Opera History Kurs beispielsweise. Oder – im Fall von Jimmy und mir – im Bett.

„Das kann doch kein Zufall sein", sagt Pittertatscher jetzt. „Warum stirbt einer nach dem anderen von denen, die auf diesem Foto sind? Warum stirbt nicht einer aus dem Chor? Oder der Regisseur?"

„Kann ja noch kommen", prophezeie ich kassandragleich. „Noch ist nicht aller Tage Abend. *It ain't over until the fat lady sings.*"

„Wie bitte?"

„Es ist erst vorbei, wenn es vorbei ist", übersetze ich frei. „Wer weiß, was dem Täter noch alles einfällt, wenn Sie ihn nicht bald schnappen."

Pittertatscher brummt. „Mein Bauch sagt mir, dass Sie und Frau Lloyd aufs Engste in die Sache verstrickt sind. Entweder als Opfer oder als ..."

Radames, der Gute, springt dem Kommissar auf den Schoß, bevor er das hässliche Wort *Täterin* im Zusammenhang mit mir aussprechen kann. Das heißt, er versucht, in einem Hops auf den Männerschoß zu gelangen, aber da er ebenso unsportlich ist wie ich, geht das natürlich schief. Er versucht noch, sich mit den Pfötchen in die Jeanswade zu verkrallen, aber er ist ja keine Katze. Seinen Pfötchen wird außerdem regelmäßig eine Hunde-Maniküre zuteil, damit er nicht versehentlich hässliche Kratzer auf meiner Haut hinterlässt. Folglich plumpst er unsanft auf seinen Terrier-Po.

Pittertatscher zieht den Rollladen an seinem Schreibtisch hoch und holt eine blau-silberne Schachtel aus dessen Eingeweiden. „Mozartkugel?", fragt er.

„Nein, danke." Ich stehe auf und nehme Radames auf den Arm. „Wir sind dann ja wohl fertig, oder?"

„Auch wenn die *Entführung* abgesagt wurde, möchte ich Sie bitten, Salzburg noch nicht zu verlassen." Pittertatscher leert die Tasse mit der Batteriesäure, die mittlerweile bestimmt kalt ist. „Es könnte durchaus sein, dass ich noch Fragen an Sie habe."

„Die nächste Mordmethode in der Arie von Osmin ist das Verbrennen. Es wird Ihnen noch leidtun, dass Sie mich nicht haben abreisen lassen, wenn Sie sich über meine verkohlte Leiche beugen."

„Ein Risiko, das ich einzugehen gewillt bin", sagt er und zwinkert mir zu. War das jetzt ein verschwörerisches Zwinkern, weil er mich als Lockvogel einsetzen will und denkt, dass mir das klar ist? Oder war das sein drohendes Ich-weiß-dass-du-es-warst-Zwinkern?

Ich muss schon sagen, diesem Kommissar traue ich nicht viel zu.

Ich werde das selbst regeln müssen.

„Das ist pure Polizeibrutalität! Lassen Sie Frau Miller sofort gehen!"

Die Tür zu Pittertatschers Büro wird mit Schmackes aufgerissen. Laut knallt sie gegen die Wand. Etwas Putz rieselt von der Decke.

Der Hund in meinem Armen erschlafft augenblicklich.

Bröcki!

Wie eine Rächerin stürmt sie ins Büro, mit wehenden Haaren und Augen, aus denen Blitze schießen. Und, wie ich bemerke, in ihrem neuen, maßgeschneiderten, türkisfarbenen Hosenanzug, der das Grün ihrer Augen besonders betont.

Die Szene, die sich ihr bietet, birgt allerdings nicht besonders viel Brutalität.

Pittertatscher wirft sich eine Mozartkugel am Stück ein und grinst. Ich stehe, mit dem schnarchenden Radames im Arm, direkt unter der Energiesparglühbirne an der Decke, die ihr Dasein ohne Lampenschirm fristen muss.

„Du Gute, du eilst mir zu Hilfe." Etwas in mir wird ganz weich.

„Selbstverständlich, ich bin deine Agentin." Bröcki räuspert sich und schaut den Kommissar an. „Was werfen Sie Frau Miller eigentlich vor? Immer noch, dass sie irgendetwas mit diesen abscheulichen Verbrechen zu tun haben könnte? Lächerlich!"

Pittertatscher kaut noch und kann nicht schnell genug antworten, bevor sie weiterlamentiert.

„Im Gegenteil, der Schaden, der Frau Miller durch diese Ereignisse zugefügt wurde, kann noch gar nicht in seinem ganzen Ausmaß ermessen werden. Womöglich ist ihre sängerische Gabe durch diese traumatischen Erlebnisse für alle Zeit eingeschränkt, wenn nicht gar ganz dahin. Wir werden den wahren Täter auf jeden Fall auf Schadensersatz verklagen. Möglicherweise auch die Stadt Salzburg, weil deren Ermittler schlampig arbeiten und kostbare Zeit an Unschuldige verwenden, anstatt den echten Täter zu überführen."

Das ist jetzt natürlich einen Tick zu viel, aber ich liebe sie dafür.

„Pauly, wir gehen!" Bröcki dreht sich auf dem Absatz um und stampft in den Flur.

Pittertatscher und ich sehen ihr nach.

„Ist sie immer so ...", fängt er an.

„So wild wie ein Dschinn, der aus einer Miniatur-Flasche poppt und dessen Geist einen schon deshalb so erschreckt, weil man mit einer kleineren, weniger giftigen Version gerechnet hätte?" Ich nicke. „Ja, so ist sie immer."

„Kommst du jetzt oder was?", brüllt es draußen auf dem Flur.

„Ich gehe dann besser", sage ich zum Kommissar, fische noch rasch eine Mozartkugel aus der Packung auf dem Schreibtisch und laufe Bröcki mit dem immer noch schlafenden Radames im Arm hinterher.

Vor dem Aufzug hole ich sie ein.

„Das war ganz großes Kino", bescheinige ich ihr.

Sie sagt nichts, schnauft nur.

„Du hast mich gerettet. Ich glaube, er glaubt, dass ich es war. Ich war's aber nicht!" Das kann gar nicht oft genug laut ausgesprochen werden. „Ich will jetzt nur noch heim und ins Bett."

Ich spüre kurz in mich hinein und merke, dass Bröcki gar nicht so unrecht hat. Nach mittlerweile drei Toten funktioniere ich nur noch nach außen hin. Innerlich sind die Schotten dicht. Meine Flapsigkeit ist reiner Selbstschutz. Ich will gar nicht daran denken, was das langfristig mit mir macht. Aber Panik bezüglich meiner weiteren Karriere kann ich auch morgen noch schieben.

Am besten wäre jetzt Ablenkung. „Wir bestellen uns Pizza und schauen uns einen Film an. Im Bett. Dekadenz. Krümel. Äktschn. Das volle Programm." Ich strahle auf Bröckis Scheitel hinunter.

„Das darfst du gern mit Yves tun. Ich kann nicht, ich hab schon was anderes vor."

„Du hast etwas vor? Was denn? Das wüsst ich aber."

Bröcki schaut stur geradeaus. „Das weißt du auch, du hast es nur vergessen. Ich bin in der *Blauen Gans*."

Ich krame rasch in meinem Gedächtnis, aber da ist nichts. Nada. Niente. Die gähnende Leere der Atacamawüste. „Du gehst in die *Blaue Gans*? Zum Essen? Ohne mich?"

Das muss sie mir verheimlicht haben. Deswegen hat sie sich so schick gemacht. Bestimmt ist ihr das jetzt peinlich. Wenn Bröcki etwas peinlich ist, vermeidet sie Augenkontakt. Und wenn man nachbohrt, wird sie laut. Aber die Zeiten, als ich auf sowas Rücksicht genommen habe, sind vorbei. „Jetzt sag schon, was machst du da?" Ich will nicht verhehlen, dass Misstrauen in mir aufkeimt.

Sie seufzt. „Der ORF zeichnet für die Reihe *Salzburger Festspielgespräche* auf. Ich bin eine der ganz wenigen handverlesenen Gäste. Die Moderatorin unterhält sich mit Wolfgang Strasser."

Jetzt wird tatsächlich jemand laut, Bröcki ist es aber nicht. Sondern ich.

„Dieser Schauspieler?", brülle ich. „Dieser Wolfgang-ich-habe-mit-Steven-Spielberg-gedreht-Fatzke? Warum der und nicht ich?"

Interessanterweise ist der Narkoleptikerschlaf brüllfest. Jeder andere wäre aufgewacht, Radames in meinen Armen schnarcht friedlich weiter.

„Marie-Luise Bröckinger, ich will auch so ein Festspielgespräch! Umgehend! Mach das klar, oder du bist die längste Zeit meine Agentin gewesen!"

„Mit deiner roten Pustelvisage willst du ins Fernsehen? So entstellt für die Ewigkeit festgehalten werden? Das überlegen wir uns nochmal in Ruhe, nicht wahr?"

Sie steigt in den Aufzug, drückt auf den Tür-zu-Knopf und lässt mich allein im Landespolizeiflur stehen.

„Aaaaaaah!", jaule ich meinen Frust heraus.

Jetzt erst bemerke ich den versifft aussehenden Langhaarigen, der auf einer Holzbank etwas weiter rechts vom Aufzug sitzt. Er hält mir – mit Händen, die in Handschellen stecken – eine Zigarettenpackung entgegen. „Do, nimm da an Tschick. Dös hilft."

Da sage nochmal einer, das Leben einer Diva bestehe aus nichts als Glamour und Schickimicki!

## Mitgesungen, mitgestorben

Selbstverständlich kann ich aktiv und motiviert in den Tag starten – nur halt nicht morgens.

Der Morgen und ich, das wird keine Freundschaft mehr. Das ist wie mit dem Atmen. Wenn ich einatme, muss ich ausatmen, und wenn ich einschlafe, muss ich auch ausschlafen. In neun von zehn Fällen ist mir das jedoch nicht gegönnt.

Grummelig wache ich – zwischen Pizzakrümeln und zusammengeknüllten Mozartkugelpapierchen – zum Geräusch plätschernden Wassers auf. Es ist aber nicht Radames, der in eine Ecke pieselt. Und auch nicht Yves, der eine Dusche nimmt, ohne die Badezimmertür geschlossen zu haben.

Nein, es regnet. Genauer gesagt: Es schüttet. Von wegen Salzburger Schnürlregen – ein richtiger Wolkenbruch!

Bröcki kommt mit einer Tasse Tee herein und klettert zu mir aufs Bett. „Und? Hast du dich wieder eingekriegt?"

„Wie lieb, dass du mir Tee bringst", hauche ich. Auf das Eingeständnis, dass ich möglicherweise überreagiert habe, kann sie allerdings lange warten.

„Wenn du Tee willst, mach dir selber welchen. Das ist meine Tasse." Bröcki ist nicht so der Florence-Nightingale-Typ. Außerdem hat sie es sich zur Aufgabe gemacht, mich trotz Weltkarriere nicht abheben zu lassen. Mensch bleiben! Tee selber brühen!

Bröcki mustert mich. „Deine Monsterpusteln sind weg, gratuliere. Nur noch ein zartes Rosa."

Ich setze mich auf und taste mein Gesicht ab. „Gott sei Dank!"

„Das trifft sich gut, denn ich habe gestern Abend jemand vom Bayrischen Rundfunk getroffen und dir einen Auftritt in München besorgt." Bröcki pustet auf ihren Tee. Es duftet nach Earl Grey. Ich hasse Earl Grey. Das hat dieser perfide Giftzwerg doch absichtlich gemacht. Rache wird am besten heiß serviert – heiß und nach Bergamotte riechend.

Radames kommt aufs Bett gesprungen. Kuschel-Time, sagt der Blick seiner großen Terrieraugen.

„Ein Auftritt? Aber nicht in einer sensationslüsternen Fernsehshow à la ‚eine Überlebende berichtet'?" Ich tue empört, während ich überlege, was ich anziehen könnte.

„Nein, ein Benefiz-Liederabend. Viel Presse, Live-Übertragung zur besten Sendezeit. Am Folgeabend singst du für ein Schweinegeld zwei, drei, vier Arien im Privathaus einer Großindustriellenfamilie. Das perfekte Arrangement – du tust Gutes, man redet darüber, und tags darauf kannst du für ein kleines Vermögen die Konstanze singen oder meinetwegen auch *Alle meine Entchen*, völlig Wurst, die wollen dich einfach nur hautnah und zum Anfassen erleben. Bin ich gut oder bin ich gut?" Bröcki strahlt. „Yep, beste Agentin von Welt", bestätigt sie sich selbst und krault Radames hinter den Giganto-Ohrmuscheln.

„Und wann soll das sein?"

„Überübermorgen."

„Überübermorgen kann ich nicht."

Ich wappne mich. Wenn es nicht nach dem Kopf von Bröcki läuft, kann sie schon mal explodieren. Und das ist dann keine maßstabgetreue Miniaturexplosion, sondern wie der Ausbruch von Vesuv, Krakatau und dem Vulkan, der Atlantis hat versinken lassen, zusammen.

Vorerst klingt sie jedoch noch ganz beherrscht. „Warum nicht, wenn ich fragen darf? Du kannst unmöglich andere Verpflichtungen haben, denn ursprünglich hättest du ja in Salzburg die Konstanze singen sollen."

So weit, so logisch.

Radames schiebt mir sein Hinterteil entgegen. Nichts liebt er mehr als Vier-Hand-Kraulen an Kopf und Po. Ich tue ihm den Gefallen.

„Dieser Pittertatscher hat mir Reiseverbot erteilt. Darf der das? Und wenn ja, wie lange?" Ich schnaube. „Er denkt, ich hätte meine Kollegen ermordet. Das darf nicht einfach so im Raum stehen bleiben. Wie ich ihn einschätze, kommt er dem wahren Täter nie auf die Spur, und dann wird mir die Aura der Mörderin ewig anhängen."

Bröcki schürzt nachdenklich die Lippen. „Mal rein vermarktungstechnisch betrachtet, wäre das nicht das Schlechteste. Man könnte dich als eiskalte Killerin super verkaufen."

Ich brumme. „Mal im Ernst, Bröcki, schon in meinem eigenen Interesse – ich kann hier erst weg, wenn das aufgeklärt ist."

„Du bist kein kleines Mädchen, das mit dem Fuß aufstampfen darf, bis es seine Rache bekommen hat", wendet Bröcki ein. „Du bist ein Vollweib und solltest die Schmutzarbeit dem Karma überlassen. Früher oder später kommt die Wahrheit ans Licht und der Täter in den Knast."

Ich schmolle.

Radames schnurrt. Wenn's ihm richtig gut geht, mutiert er zur Katze.

„Bröcki, versteh doch ... Jimmy, Mads, Harry ... das waren nicht nur irgendwelche Kollegen ..."

Ich stocke. Moment mal. Das kann doch kein Zufall sein. Drei Männer in Folge! Wo es doch auch Frauen zur Auswahl gegeben hätte. Es trifft mich wie mit Thors Vorschlaghammer. Die Auswahl der Opfer war kein Zufall. Warum denkt man bei Serienmorden immer gleich an einen Mann? Was, wenn eine frauenbewegte Mörder*in* dahinter steckt? Die allem, was Hosen trägt, den Garaus machen will?

In mir denkt es.

Bröcki trinkt den letzten Schluck Tee und steigt aus dem Bett. „Okay, dann bleiben wir eben hier. Zum Teufel mit deiner Karriere. Aber dir ist schon auch der Gedanke gekommen, dass die Sache erst vorbei ist, wenn der Täter triumphiert und man dich mit den Füßen voran aus dieser Wohnung trägt, oder?"

„Ja, ja ..." Ich höre gar nicht richtig hin.

Hätte ich das getan, dann wäre mir aufgefallen, wie absolut unähnlich es Bröcki sieht, so schnell nachzugeben. Und das hätte mir dann – zu Recht! – zu denken gegeben ...

Wenn ich das mal selbst so sagen darf: Ich finde mich schick!

Wegen der potenziellen Aussicht auf Salzburger Schnürlregen hatte ich in einen der zwei Kommodenkoffer, mit denen ich zu reisen pflege – nicht so groß wie die Schrankkoffer, mit denen Diven früherer Zeiten den Atlantik auf Ozeanreisen überquerten, aber deutlich größer als die Zéphyr-70-Trolleys von Louis Vuitton –, ein Paar geblümte Gummistiefel und einen regenbogenfarbenen Regenmantel mit passendem Regenhut gepackt.

Aber natürlich gehe ich bei Regengüssen nicht zu Fuß. Die Gefahr ist viel zu groß, dass ich nass werde, dadurch unterkühle und mich erkälte. Und für eine Opernsängerin ist eine Erkältung eine weitaus schlimmere Bedrohung als ein Serienmörder.

Radames lasse ich zu Hause in der Obhut von Yves. Er hasst den Regen wie der Teufel das Weihwasser – offenbar eine frühwelpliche Fehlprägung. Er scheint zu denken, dass er, wenn er nass wird, zusammenschrumpelt und stirbt. Das gilt auch für Waschungen im Waschbecken nach Schlammspaziergängen, weswegen ich ihn in aller Regel trocknen lasse und hinterher sandbürste. Oder bei Schlechtwetter gar nicht erst groß mit ihm vor die Haustür gehe.

Ich bestelle mir ein Taxi und lasse mich zur Strubergasse bringen, wo die Ankleiderin wohnt, bei der Branwen untergekommen ist.

Branwen, die eiserne Jungfrau.

Ganz ehrlich, wer im 21. Jahrhundert mit fast 30 noch unberührt ist, tickt doch nicht richtig. Womöglich hat sie für ihre unbefriedigten Gelüste ja eine andere Form des Auslebens gefunden. Nämlich Mord!

Meine Gehirnwindungen glühen. Natürlich, es liegt doch auf der Hand. Mord ist eine wunderbare Möglichkeit, Hand an einen Mann zu legen und gleichzeitig *Virgo intacta* zu bleiben.

Branwen treibt jeden Tag mindestens eine Stunde lang Sport, hat sie erzählt. Sie ist ganz sicher fit genug, um eine Kettensäge zu schwingen oder eine Leiche auf einen Ast zu ziehen. Je mehr ich darüber nachdenke, desto mehr verliebe ich mich in die Vorstellung von Branwen als eiskaltem Todesengel.

Kurz vor dem Ziel passiert allerdings etwas, das mir schlagartig das Blut in den Adern gefrieren lässt.

Und mich zu der erschütternden Erkenntnis bringt, dass ich womöglich komplett falsch liege.

Wir werden nämlich von Feuerwehrautos mit Blaulicht und Sirene überholt.

„Es brennt", rufe ich. Eine geniale Deduktion, würdig eines Sherlock Holmes.

„Sieht so aus", gibt mir der Taxler freundlich recht. Und gleich darauf verkündet er fröhlich: „Weiter als bis hier komme ich nicht. Der Verkehr wird offenbar wegen des Feuers umgeleitet."

Das sehe ich auch, dass vor uns nichts mehr geht.

Der Taxifahrer hält am Straßenrand und dreht sich zu mir um. „Sagen Sie ... Sie sind doch auch eine von diesen Sängern?"

*Eine von diesen Sängern.* Mir wäre es ja tendenziell lieber, er hätte mich als *diese wahnsinnig berühmte, phantastische Opernsängerin* bezeichnet, aber besser so, als gar nicht erkannt zu werden. Sagt Bröcki immer.

Ich schenke ihm ein wohlerzogenes Lächeln und nicke.

„Würden Sie mir in mein Autogrammbuch schreiben?" Er hält mir etwas Fleckiges entgegen, das ich mit spitzen Fingern aufschlage. „In meinem Wagen ist schon der Pavarotti gesessen! Und natürlich die Netrebko. Die ist toll. Eine unglaublich supertolle Frau!" Er gerät ins Schwärmen. Ja klar, sie ist *supertoll* und ich bin *eine von diesen.*

Ich kritzle etwas absolut Unleserliches auf eine leere Seite und signiere mit *Angelina Jolie.* Ätsch, das hat er davon. Dann schlage ich das Buch zu und gebe es ihm zurück.

„Eine Autogrammkarte haben Sie nicht zufällig dabei, oder?", fragt er, und als ich den Kopf schüttle, sagt er: „Macht nichts, so geht's auch", und schießt ein Handyfoto.

Ich zahle – wie immer großzügig, das muss man als Prominente, dann halten sich die Leute gegenüber der Presse zurück oder erzählen wenigstens nur Gutes – und steige aus.

Binnen Sekunden zeigt sich, dass mein Regenmantel zwar hübsch bunt ist, aber nicht hübsch wasserdicht.

Ich haste los und rufe: „Ich wohne da vorn", wann immer mich jemand aufhalten will. Mit jedem Schritt, den ich der Strubergasse näherkomme, beschleicht mich ein unguteres Gefühl.

Schwarzer Rauch steigt auf und ist bis hier zu riechen.

Ich fädle mich durch die wachsende Schar an Schaulustigen. Die letzten Schritte geben mir Gewissheit: Es brennt in dem Haus mit der Hausnummer, die Bröcki mir genannt hat. Vor dem Absperrband bleibe ich stehen. Mich überkommt eine kalte Klammheit, die nichts mit dem Regen zu tun hat.

An den roten Löschfahrzeugen schiebt sich jetzt ein ebenfalls rotes Fahrzeug mit anthrazitfarbener Teleskopmastbühne vorbei. Der Teleskoparm wird ausgefahren, und zwei Feuerwehrmänner mit Atemmasken klettern hoch und steigen in das Dachfenster, aus dem es wild herausqualmt. Neben mir werden Handyfotos geschossen.

„Ach, Sie auch hier? So ein ... tja, wie wollen wir es nennen? Zufall?", sagt da plötzlich eine Männerstimme neben mir. „Müsste mir das zu denken geben?"

Es ist Pittertatscher.

Ich bringe kein Wort heraus, so trocken ist mein Mund.

„Wundern tut's mich nicht", fährt er fort. „Neuerdings sind Sie ja immer in der Nähe, wenn hier in Salzburg jemand tot aufgefunden wird."

Also doch, eine Leiche. Meine dumpfe Ahnung ist Gewissheit geworden. Ich will fragen, ob es sich um Branwen handelt, aber mein Stimmapparat gehorcht mir nicht.

„Das da oben ist nur noch Qualm", sagt er und zieht mich am Unterarm beiseite, weg von den Gaffern. Und Lauschern. „Der eigentliche Brandherd ist bereits gelöscht. Das Feuer ist im ersten Stock ausgebrochen."

Wir stellen uns auf der anderen Straßenseite unter, abseits der Katastrophentouristen. Vor dem Regen schützt uns der schmale Hausvorsprung, unter dem wir kauern, jedoch nicht wirklich.

„Es handelt sich natürlich nicht um einen Unfall", fährt der Kommissar fort. „Die Kollegen von der Berufsfeuerwehr haben Brandbeschleuniger gefunden. Und eine verkohlte Leiche", teilt Pittertatscher mir mit. Bestimmt schaut er mich dabei an, um meine Reaktion zu testen, aber ich schaue wie gebannt zum immer noch qualmenden Dachstuhl des Hauses. „Die Tote weist jedoch keine Abwehrspuren auf, sie war also offenbar betäubt, als die Wohnung in Flammen aufging."

„Ist es ...", krächze ich.

„Ja?", fragt Pittertatscher.

Er könnte es mir wirklich etwas leichter machen.

„Ist es Branwen?"

Er mustert mich. „Nein."

Ich atme erleichtert aus. Um gleich darauf wieder die Luft anzuhalten. „Oh Gott, dann ist es Frau Pferschy, die Ankleiderin, die Branwen Unterschlupf gewährt hat. So eine herzensgute Person. Warum trifft es nur immer die Besten?"

Pittertatscher nickt gewichtig. „Also ... die Gerichtsmedizin muss das natürlich erst noch verifizieren, aber die Tote trug ein Halsband mit Namensgravur. Sie hieß Kleopatra."

Zum ersten Mal sehe ich ihm direkt in die Augen.

„Wie bitte?" Weil ich mich jetzt natürlich für den Namen Sissi Pferschy gewappnet habe, bin ich völlig perplex.

„Kleopatra. Die Katze von Frau Pferschy. Frau Pferschy selbst hat sich in der Wohnung ihres Freundes aufgehalten und blieb unverletzt."

Mit einer Fliegenklatsche plattmachen, das ist mein erster Gedanke. Erst muss ich aber noch in Erfahrung bringen, was mit meiner Kollegin ist.

„Und Branwen?"

„Frau Lloyd lebt. Noch. Sie ist auf dem Weg in die Klinik und momentan nicht ansprechbar. Schwere Rauchvergiftung." Pittertatscher sieht aus, als versuche er, meine Reaktion einzuordnen: Ist das jetzt Enttäuschung in meinen Zügen, weil die Aktion in die Hose gegangen ist? Oder Erleichterung, weil Branwen noch lebt? Er scheint zu keinem eindeutigen Schluss zu kommen.

Meine Theorie von der weiblichen Täterin lege ich ad acta. Ich sehe hinüber zu den Schaulustigen. Ist einer von denen der Täter? Man kann niemanden erkennen, denn wegen des Regens sind alle vermummt, tragen Kapuzen oder haben den Kragen hochgestellt.

Pittertatscher verschränkt die Arme. „Tja, der Punkt ‚verbrannt' auf Ihrer Liste wäre damit abgehakt. Wie es in der Arie so schön heißt, kommt als Nächstes ‚gebunden und getaucht'. An Ihrer Stelle würde ich in den nächsten Tagen von Wannenbädern Abstand nehmen."

In den Stunden des nackten Entsetzens verstreichen die Sekunden wie eine langsam kriechende Nacktschnecke. Habe ich mal irgendwo gelesen.

Obwohl in den himmlischen Gefilden immer noch einer mit dem großen Eimer steht und kräftig ausschüttet, gehe ich zu Fuß nach Hause. Klatschnass hin oder her, jetzt ist alles egal.

Die arme Branwen. Hoffentlich kommt sie durch.

Ich verstehe überhaupt nicht, warum mich die ganze Sache so mitnimmt. Das soll jetzt nicht herzlos klingen – es gehört einfach zu dem Panzer, den man sich als Opern-Nomadin zulegt. Zulegen muss. Menschen kommen und gehen. Wer sich da emotional allzu sehr bindet, steht das nicht lange durch. Der wirft das Handtuch, wird Dozent an einer Musikhochschule, lässt sich irgendwo fest nieder und kann bedeutungsvolle, zwischenmenschliche Kontakte aufbauen und festigen.

Nein, wir Sänger haben eine schöne Zeit, während wir an irgendeinem Ort der Welt gemeinsam grandiose Musik entstehen lassen, aber nach dem letzten Vorhang küssen wir uns überschwänglich zum Abschied – links und rechts und nochmal links –, und dann ziehen wir unseres Weges und vergessen die anderen. Sowas nennt man Schutzmechanismus.

Okay, wir waren zusammen an der Juilliard. Aber wir waren damals nicht eng befreundet. Im Grunde gar nicht befreundet. Ich hing seinerzeit immer mit Elizabeth McInnerny und Moon-Hee Hwang herum. Mit Jimmy hatte ich – damals war er, für seine Verhältnisse, noch zu Langzeitbeziehungen fähig – einen

One-Week-Stand, also eine Sieben-Tages-Affäre. Aber mit keinem von den vieren – Branwen, Jimmy, Mads, Harry – hatte ich nach unserem Abschluss noch engeren Kontakt.

Dennoch ... mir ist, als würde jemand Teile meiner Vergangenheit auslöschen. Als ob das Grauen immer näher und näher kommt, bis es mich eingeholt hat – und dann ...

Erstaunlich, wie reißend die Salzach nach nur einer Nacht und einem Tag heftigen Dauerregens geworden ist.

Ich stapfe die Kaipromenade entlang in Richtung Innenstadt. Und ich bin mitnichten allein. Trotz des Unwetters tummeln sich auch hier die Touristen, versuchen, Selfies von sich und Salzburgs Skyline zu schießen, ohne dass dabei ihr Handy nass wird, sind fröhlich und ausgelassen, weil sie ja keine Ahnung haben, welch grauenvolle Dinge in Salzburg gerade vor sich gehen. Immerhin fühle ich mich sicher – inmitten einer Menschenmenge kann man vielleicht erstochen oder erschossen werden, aber nicht ertränkt. Zur Sicherheit gehe ich aber doch ganz rechts auf der Promenade, eigentlich schon auf dem Fahrradstreifen, damit mich niemand in die Fluten schubsen kann. Das verärgerte Geklingel der Radler nehme ich in Kauf.

Weiter vorn kämpft das rundum verglaste Aussichtsboot, das eben tapfer von der Haltestelle Makartsteg abgelegt hat, gegen die Strömung. Es ist hoffnungslos – immer wieder wird das Schiff abgetrieben. Man hört den wütend röhrenden Motor, aber gegen die Kraft des Flusses kommt er nicht an. Der Kapitän sieht sich gezwungen, wieder anzulegen, was ihm mit Müh und Not gelingt. Der Mensch mag zum Mond geflogen sein und den Ärmelkanal untertunnelt haben, aber die wilde Salzach ist unbezwingbar. Wie eine Kriegerkönigin aus alter Zeit.

Der Regen peitscht mir ins Gesicht, und ich stelle fest, dass man zwar in leichtem Regen deprimiert sein kann, nicht aber, wenn einem das Wasser frontal ins Gesicht klatscht.

Ursprünglich wollte ich ewig so weitergehen, allein mit mir und meinen finsteren Gedanken, *mich wappnend gegen eine See von Plagen*, um mit dem Altmeister William zu sprechen, aber jetzt ist mir klar, dass ich nur noch über den Makartsteg und nach Hause will. Auf der anderen Salzachseite winkt mir die Villa förmlich zu und ruft: „Trockene Kleider, heiße Schokolade, lebende Wärmflasche mit vier Beinen."

Die Salzach tost. Der Regen prasselt.

Es mag nur ein heftiger Sommerregen sein. Andererseits, vor der Sintflut dachten wahrscheinlich auch alle nichts weiter als *Mist, was für ein scheißverregneter Juli*. Und in Wirklichkeit nahte das Weltenende!

Wenn die Apokalypse losbricht, will man daheim sein, bei seinen Lieben, mit Zartbitterschokolade und einem guten Tropfen und bei leiser Musik.

Also biege ich auf den Makartsteg.

Ich habe gehört, dass rund 20.000 Menschen täglich diese Brücke überqueren. Heute haben sich alle 20.000 in exakt dem Moment eingefunden, in dem auch ich auf die andere Seite will. Darunter – um nur die zu nennen, die mir den Weg versperren – eine wadenstarke Radfahrergruppe mit einheitlich gelben Regencapes, eine Busladung Asiaten, eine Busladung Kegelbrüder, ebenfalls uniform gekleidet, und diverse Liebespaare, die sich überlegen, wo sie des Nachts heimlich ihr Treue-Schloss anbringen wollen. Dazwischen ich.

Das Schöne ist, dass man in so einem Getümmel nicht erkannt wird. Nie. Wie ich immer sage: Am unsichtbarsten ist man in großen Menschenmengen.

Ich weiche zwei greisen Damen aus, deren aufgespannter Zwillingsschirm fast die ganze Stegbreite einzunehmen scheint, und werde gegen das Geländer gedrückt.

„Drängeln Sie doch nicht so", brumme ich über meine Schulter nach hinten, wo sich jemand ungebührlich nahe an mich herangeschoben hat.

Es ist aber kein Frotteur, der sich – schubbernd und reibend – den kleinen erotischen Zwischendurch-Kick an meinen gut gepolsterten Hüften holen will.

Es ist mein Mörder.

Urplötzlich packt er mich, hebt mich an und lupft mich über das Brückengeländer.

In einem unwirklich zeitlosen Moment schwebe ich zwischen Himmel und Fluss, dann sehe ich die schlammbraunen, reißenden Fluten näher und näher kommen – und pralle auch schon betonhart auf die gischtigen Wellen.

Mein Schrei wird von den tobenden Wassermassen erstickt.

Es ist eigentlich hoffnungslos, selbst wenn ich schwimmen könnte. Was ich nicht kann. Schwimmen habe ich nie gelernt. Ich kann nur mit allen Vieren paddelnd den Kopf über Wasser halten – in einem Indoor-Pool mit absolut glatter Wasseroberfläche.

Aber jetzt treibe ich in einem Affenzahn in der ungebändigt wilden Salzach meinem sicheren Tod durch Ertrinken entgegen.

Leb wohl, schöne Welt!

Seit diesem Nahtoderlebnis werde ich auf ewig eine glühende Verfechterin des Vereinslebens sein! Sie leben hoch, die Taubenzüchterclubs und Häkeltreffs und Trachtenvereine. Ein dreifach Hoch, Hoch, Hoch!

Insbesondere möchte ich an dieser Stelle die Kampfschwimmer des österreichischen Bundesheeres hervorheben, die zwar kein Verein sind, aber eine Vereinstradition pflegen, nämlich den Austausch mit Gleichgesinnten. Will heißen: mit anderen Kampfschwimmern, insbesondere den US Navy Seals.

Die gütige Hand der Vorsehung hat für genau diesen Tag ein solches Treffen anberaumt, eigentlich in München, aber kurzzeitig auch hier in Salzburg – auf Wunsch der Amerikaner, die zwar knallharte Kerle sind, aber *The Sound of Music* trotzdem lieben und deshalb unbedingt spontan die Originalorte des Von-Trappschen-Geschehens in einem Tagesausflug kennen lernen wollten. Das allein hätte sie mir schon sympathisch gemacht, aber es wird noch besser.

Sie flanieren gerade, vom Mirabellplatz kommend, wo sie bemerkt haben, dass sie für die Bustour an die Drehorte zu spät dran sind, aber noch die *Sound-of-Music*-Dinner-Show im *Sternbräu*-Keller buchen können, über den Makartsteg in die Innenstadt, als sie durch zahlreiche Schreie und ausgestreckte Arme auf mein Schicksal aufmerksam gemacht werden.

Jeder normale Mensch schaut auf die Fluten, sieht darin einen Kopf auf- und abtauchen und denkt: Oh Gott, die arme Frau.

Österreichische Kampfschwimmer und US Navy Seals denken nicht, sie springen.

Und zwar mir hinterher.

Ich selbst bekomme es natürlich nicht mit, weil ich mit Ertrinken beschäftigt bin, aber wie man mir hinterher zuträgt, ist es ein Bild wie aus *Mission Impossible*, nur beeindruckender: acht muskulöse Kerle, die wie ein Mann von der Brücke springen.

Jedenfalls, ich ertrinke gerade.

Also, das mag jetzt seltsam klingen, und natürlich bin ich in unbeschreiblicher Panik, meine Gedanken spielen verrückt, und ich weiß nur, dass ich unbedingt – unbedingt und jetzt sofort! – wieder an die Oberfläche muss, aber gleichzeitig fühle ich mich nach den ersten Sekunden des Schocks irgendwie allem enthoben, als ob ich in einen watteweichen Traumzustand gleiten würde. Mein Denken kommt zum Stillstand. Ich schreie nicht. Und ich versuche auch nicht mehr, hektisch herauszufinden, wo oben und wo unten ist, was man in einem reißenden Fluss nämlich gar nicht kann. Nein, ich werde seltsam ruhig. Mein Körper übernimmt für mich das Denken. Unwillkürlich stellen meine Lungen die Atmung ein. Trotzdem bin ich noch bei Bewusstsein.

Und kurz bevor ich das Bewusstsein verliere, noch bevor ich weiß, wie mir geschieht, werde ich von kräftigen Männerhänden gepackt und von durchtrainierten, tätowierten Männerkörpern in Richtung Ufer gezogen. Ähem ... durchtrainiert ist klar. Ob sie tätowiert sind, kann ich natürlich nicht sehen, weil Kampfschwimmer auf Sightseeingtour nicht oben ohne herumlaufen, aber ich stelle mir sie unter ihren nunmehr klatschnassen, mehrheitlich karierten Hemden einfach muskulös und eingeölt vor. Wie die Jungs aus *Magic Mike*. Nur eben tätowierter, wie Popeye.

Rettung durch wasserfeste Elitesoldaten. Wenn ich könnte, würde ich wohlig seufzen.

Ich sage nicht, dass es leicht geht. Unter anderem, weil mich aus den finsteren Tiefen des Stromes böse

Wassergeisterkrallen zu packen scheinen und mich unnachgiebig unter Wasser tauchen wollen – weniger phantasiebegabte Menschen mögen von Strömung und Wirbeln sprechen, aber für mich fühlt es sich an, als ob mich die Leprösen im *Tiger von Eschnapur* in die Kellergeschosse des Todes ziehen wollen.

Meine Rettung gestaltet sich aber vor allem deswegen schwierig, weil ich – kaum, dass ich meinem Traumzustand entrissen bin – wie am Spieß schreie und um mich schlage und Wasser schlucke und mit den Füßen trete. Doch die Jungs wissen, was sie tun, und ihre Mottos ... ihre Motti ... also ihr Motto lautet respektive *numquam retro* und *semper fi*, was frei übersetzt so viel heißt wie: ,Wir lassen keine zurück!' oder ,Wäre doch gelacht, wenn wir die Alte nicht lebend an Land kriegen.'

Über uns sehe ich am wolkenverhangenen Himmel einen silbrigen Hubschrauber mit rot-blauen Streifen heranfliegen und Stellung beziehen. Da sitzt hoffentlich niemand mit einer Kamera drin, denke ich noch, ich will nicht, dass mich die letzten Bilder von mir strampelnd, Schlammwasser spuckend und panisch zeigen. Wenn schon sterben, dann optisch augenfällig!

Aber wer auch immer da oben fürs Abschneiden der Lebensfäden zuständig ist, hat meine Nummer noch nicht aufgerufen. Ich darf auf der Bühne des Lebens noch eine Zusatzrunde drehen.

Zwischen Christuskirche und Müllner Steg haben es meine Helden geschafft. Sie ziehen mich mit vereinten Kräften ans matschige Ufer.

Trotz der Entfernung und dem prasselnden Regen meine ich, die Jubelschreie der Menge auf dem Makartsteg zu hören, während sich die schwer atmenden Kampfschwimmer zufrieden abklatschen.

Und ich – undamenhaft – Salzachwasser speie.

Das Leben feiern. Als Neugeborene. Als eine, die dem Sensenmann von der Schippe gesprungen ist.

Man möchte die ganze Welt umarmen!

Aber es endet damit, dass ich nicht einmal die acht Kampfschwimmer umarmen kann. Mir ist plötzlich ganz elend zumute, und ich zittere am ganzen Leib. Das muss der Schock sein.

Ich lade meine Helden, hustend und noch im schlammigen Gras liegend, mit zitternder Stimme zum Essen in die Villa ein – was sie ablehnen, weil sie unbedingt zu ihrem *Sound-of-Music*-Menü wollen, und das, obwohl ich vorschlage, aus dem Stehgreif alle Songs des Musicals solo zu singen. Offenbar haben sie kein Vertrauen in meine sängerischen Fähigkeiten.

Aber nachdem sie mehrmals bekräftigen, dass sie nur ihre Pflicht getan hätten – und das wirklich gern –, erlauben sie mir immerhin, sie zu *Gollhofer* am Mirabellplatz zu schicken, damit sie sich dort auf meine Kosten trocken einkleiden können, weil ihre Koffer im Hotel in München sind und sie ja unmöglich in ihren nassen Sachen ausgehen können.

Die Schaulustigen haben die Rettung gerufen, die ich gar nicht brauche, obwohl ich gefühlt Dutzende Liter brackiges Wasser ausspucke. Aber es ist schon sehr angenehm, in eine Wärmedecke gehüllt auf einer Trage im Rettungswagen zu liegen. Mir ist a…kalt, und der Schock lässt mich wie Espenlaub zittern. Sonst fehlt mir nichts. Auch der Notarzt bescheinigt mir nach gründlicher Untersuchung, mein kleines Malheur völlig unbeschadet überstanden zu haben. Er empfiehlt mir eine heiße Dusche, Wärme und viel Ruhe.

Dann darf ich nach Hause. Die Kampfschwimmer, die wie die Orgelpfeifen Aufstellung genommen haben, winken mir noch einmal zu. Ich werfe Kusshände und könnte mich gleich darauf, als der Notarzt die Tür des Rettungswagens zuwirft, in den Hintern beißen, weil ich den Jungs keine Visitenkarten von mir gegeben habe Nur für den Fall, dass einer von ihnen in nächster Zeit anfragen will, ob es mir wieder gut geht ...

Ich lasse mich, ganz Diva, die geschätzten hundert Meter zur Villa fahren. Wo mich – Überraschung, Überraschung – Kommissar Pittertatscher an der Pforte erwartet. Als Verschwörungstheoretikerin ist mein erster Gedanke, dass er mir einen Ortungschip in den Regenmantel geschmuggelt hat, um immer zu wissen, wo ich bin. Vermutlich hat er aber nur für meinen Namen das Äquivalent eines Google Alert für alle Polizeirufe eingerichtet, und kaum, dass Meldung von meiner spektakulären Rettung gemacht wurde, wusste er Bescheid. Jedenfalls steht er schon auf der Matte.

„Von hier aus übernehme ich", sagt er zu den Sanitätern und hilft mir aus dem Rettungswagen.

Bei meinem kleinen Abenteuer habe ich einen Gummistiefel und meinen Regenhut verloren, aber das kratzt mich nicht. Ich lebe. Nur mein Handy ist ertrunken. Als ich – kaum am Ufer – Bröcki anrufen wollte, gab mein Smartphone ein paar Lichtblitze auf dem Display von sich, dann hauchte es seine Seele aus. Egal, Bröcki wird's richten.

„Kommen Sie, Sie müssen ins Trockene", sagt Pittertatscher und führt mich durch den strömenden Regen zur Haustür.

„Wieso? Noch nasser kann ich ja wohl kaum werden."

Da wird auch schon die Tür aufgerissen und Bröcki und Yves kommen herausgelaufen. Nur Radames bleibt im Hausflur, weil er Wasser ja nicht mag. Dafür kläfft er, was die kleine Hundelunge hergibt.

„Gott sei Dank, du lebst!", ruft Bröcki und umarmt mich in Hüfthöhe.

„Haben die Kampfschwimmer Mund-zu-Mund-Beatmung gemacht?", ruft Yves und umarmt mich in Brusthöhe.

„Wollen wir nicht alle ins Haus gehen? Ich weiß nicht, ob Sie es bemerkt haben, aber es regnet", sagt Pittertatscher circa zehn Zentimeter über meinem Scheitel.

Unsere kleine Prozession macht sich auf in Richtung Wohnung. So muss es sich anfühlen, Bodyguards zu haben. Bröcki geht voraus und bahnt den Weg, Pittertatscher und Yves flankieren mich, bereit, jederzeit einzugreifen, falls ich mit meinen klitschnassen Füßen auf den Stufen ausgleite.

Ich tropfe nicht, ich flute. Und zwar das Treppenhaus.

Im ersten Stock tritt Frau Höldt aus der Tür, mustert mich von oben bis unten und erklärt spitz: „Das wischen Sie aber gleich trocken, ja? Das gibt sonst Flecken am Holz."

„*Mais oui, chère Madame*", flötet Yves.

Ihr Gesicht bleibt spitz, aber ihre Stimme klingt mehrere Akkorde weicher, als sie zu ihm sagt: „Dann ist ja gut."

Nach einer ausgedehnten Dusche schlüpfe ich in meinen Flausche-Pyjama und tue etwas, was ich sonst nie tue: Ich verweigere meiner Entourage, mich im Bett zu verwöhnen, und marschiere schnurstracks in die Küche.

Ich will kochen. Spaghetti.

Natürlich *Mirácoli*. Ich kann ja nur Sachen heiß machen. Fertiggerichte wurden für mich erfunden.

Das Heißmachen hat eine beruhigende Wirkung, und noch bevor das Nudelwasser kocht, fühle ich mich wieder in meiner Mitte angekommen. Mein Blick fällt auf das Gewürzregal von Philippe Starck. Warum nicht, denke ich. Widme dich der Liebe und dem Kochen mit wagemutiger Sorglosigkeit, hat der Dalai Lama einmal gesagt. Darum esse ich mein *After Eight* auch am liebsten um 7 Uhr 58. Leben am Limit! Und folglich gebe ich in die eigentlich schon fertige Fertigsoße nach Lust und Laune und völlig ohne Kenne noch eine Prise hiervon und eine Löffelspitze davon, bis die rote Soße so scheckig aussieht, als habe sie Fleckfieber.

Die Besitzer der Wohnung haben sich für ein opulentes Versace-Tischgeschirr entschieden. Wirklich überaus reizend, dass die Festivalleitung mir diese Bleibe mit echten Antiquitäten und sauteuren Designer-Accessoires zur Verfügung gestellt hat. Vermutlich dachte man, ich sei das so gewohnt. Wenn die wüssten. Ich bin so gut wie nie zu Hause, lebe im Grunde nur aus dem Koffer. In meiner Mini-Mansarde in New York befinden sich die meisten Sachen noch in Umzugskartons, und ich esse meinen Kimchi-Sashimi-Salat mit Kobe-Rind-Streifen an süßsaurer Erdnusssoße grundsätzlich mit Einmal-Holzstäbchen und aus dem Pappgeschirr meines Lieblingslieferanten, *Woo & Sons – Finest Asian Fusion Cooking*. Umso mehr weiß ich den Luxus hier zu genießen.

Yves habe ich mit meiner Kreditkarte und mehreren Handtüchern zu *Gollhofer* geschickt, damit er die Kampfschwimmer auslösen und gegebenenfalls trockenrubbeln kann.

Pittertatscher ist dageblieben. Während ich geduscht habe, hat er mit Bröcki schon mal eine Flasche

Rotwein geöffnet und geplaudert. Wenn nicht gerade das Telefon läutete: Meine spektakuläre Rettung hat endgültig den Damm gebrochen. Die Weltpresse will wissen, warum in Salzburg ein Opernstar nach dem anderen für immer zum Schweigen gebracht wird.

„Nein, Frau Miller gibt kein Statement ab. Wenden Sie sich an die Presseabteilung der Festspiele", sagt Bröcki ein ums andere Mal, wie eine Schallplatte, die hängt.

Ich decke den Küchentisch mit dem edlen Geschirr ein. Das Esszimmer ist ebenso wie das Wohnzimmer wegen der Sache mit Mads noch mit Absperrband gesichert.

Die ganze Zeit stehe ich also unter genauester Beobachtung meiner Mitesser.

Mit großen Gesten gieße ich das Nudelwasser ab und schütte die von mir verfeinerte Soße in die Sauciere. Weil ich keinen geeigneten Behälter für den gemahlenen Parmesan finde, lege ich den Plastikbeutel einfach so auf den Tisch, mitten zwischen Versace-Teller und Kristallgläser. ‚Alles edel' kann jeder – Stilbrüche zeichnen die herausragende Gastgeberin aus!

Ich esse mit Gusto, Abenteuer machen hungrig. Wiewohl mir schon auffällt, dass Bröcki und Pittertatscher beim ersten Bissen meiner Gewürz-Soße erstarren. Egal, mir schmeckt's. Wer dem Tod ins Auge geblickt hat, ist kein mäkeliger Esser mehr. Auch wenn ich zugeben muss, dass die Soße im Abgang ziemlich scharf und einen Hauch bitter ist.

„Immerhin ist jetzt eines für alle Welt und somit auch für Sie glasklar, Herr Kommissar – ich bin nicht die Mörderin", sage ich, nachdem mein erster Hunger gestillt ist. Und ich hebe mein Glas, um mit Pittertatscher darauf anzustoßen.

„Wie kommen Sie denn auf diesen allerliebsten Gedanken?", fragt er und rührt sein Glas nicht an.

„Na ... weil der Mörder versucht hat, auch mich umzubringen!" Es empört mich, dass ich das noch aussprechen muss. Um Bestätigung heischend schaue ich zu Bröcki, aber die ist damit beschäftigt, meine Soßenkreation von ihren Nudeln zu kratzen.

Mit vollem Mund erklärt der Kommissar: „Ach, ich bitte Sie, Sie könnten durchaus auch aus eigenem Antrieb von der Brücke gesprungen sein. Um Ihre Unschuld vorzutäuschen. Ein Risiko, zugegeben, aber ein kalkuliertes Risiko." Auch er versucht, möglichst wenig Soße auf die Nudeln zu bekommen, die er an der Gabel rotieren lässt, was mich ungemein ärgert – einer, der Batteriesäurekaffee trinkt, wird ja wohl auch noch meine Soße runterzwingen können.

„Ich soll freiwillig in die reißende Salzach gesprungen sein?" Mein Gebrüll verschreckt Radames, der in seiner üblichen Bettelhaltung unter dem Tisch sitzt. Er tut, was er immer tut, wenn er erschrickt. Ich hebe seinen reglosen Körper hoch und lege ihn auf meinen Schoß. „Sind Sie noch bei Trost?", sage ich, deutlich leiser, damit mein armer Liebling in seinem narkoleptischen Schlummer keine Alpträume bekommt. Man weiß ja nie, was zu ihm durchdringt.

Pittertatscher greift nun doch zu seinem Glas. „Hören Sie, das ist nichts Persönliches. Aber wer am Schluss übrig bleibt, der war's. Das gebietet die Logik."

Bröcki will ebenfalls zu ihrem Glas greifen und mittrinken, aber ich halte ihre Hand auf der Tischplatte fest. Das wäre ja noch schöner. Mit dem Feind wird nicht fraternisiert.

Mit klirrender Stimme erkläre ich: „Es ist noch lange nicht vorbei. Erstens hat es mit ‚verbrannt' und

‚getaucht' nicht geklappt, und zweitens gibt es noch ‚geschunden'.

„Nicht aufregen, Frau Miller. Sie sollten über den Dingen stehen – da oben ist nicht so ein Gedränge." Pittertatscher grinst und prostet mir zu. „Ich bin ja nicht nur hier, weil ich herausfinden will, ob Sie die Täterin sind, sondern auch zu Ihrem Schutz. Das ist mein Job. Ein Mann muss tun, was ein Mann tun muss."

Er leert sein Glas in einem Zug. So gekippt zu werden, hat der Château Mouton Rothschild aus dem Jahr 1967 – erkenntlich an dem von César Baldaccini entworfenen Etikett – nicht verdient. Andererseits hat dieser edle Tropfen es eigentlich auch nicht verdient, zu Fertigspaghetti getrunken zu werden. Und ich bin mir keineswegs sicher, ob wir uns am Weinvorrat des Wohnungsbesitzers überhaupt hätten vergreifen dürfen. Aber für diese Bedenken ist es nun zu spät.

Ich lächle. Maliziös.

So, so, Macho Pittertatscher findet also, dass ein Mann seiner Männlichkeit folgen muss.

Stimmt, ein Mann muss tun, was er tun muss.

Aber eine Frau wird ihm sagen, was das ist!

„Das Übliche", bestellt Bröcki und erklimmt mit Hilfe ihrer ausklappbaren Plastiktritthilfe den Barhocker. Wie alle Frauen hat sie in ihrer Umhängetasche nur das Nötigste dabei. Mein Nötigstes sind Lipgloss und Schokoriegel, ihr Nötigstes ist tatsächlich alltagsüberlebenswichtig. Das Leben ist nicht fair. Dafür aber spannend.

Der Barkeeper im *Zirkelwirt* trägt wieder ein kariertes Hemd zur Krachledernen – keine Ahnung, ob es derselbe ist oder ob die sich hier einfach alle ähnlich sehen und einem festen Kleiderschema folgen. Wie auch immer, denke ich, der kann sich doch unmöglich erinnern, was wir bei ihm konsumiert haben.

Aber er kann.

„Virgin Sex on the Beach, eine heiße Schokolade und ein Saft – heute ohne Bier", sagt er, als sei es das Selbstverständlichste von der Welt. „Kommt sofort, die Herrschaften."

Na gut, eine Füllige, einen Schlacks und eine Kleinwüchsige hat er vermutlich nicht oft. Einzeln vielleicht, aber nicht in Dreier-Kombination. Oder er ist Opernfan und hat mich erkannt, obwohl ich in der besten aller möglichen Verkleidungen vor ihm sitze: als ich selbst. Was sagte ich darüber, wie man sich als Berühmtheit unerkannt unters Volk mischen kann? Durch Assimilation. Wie es die Borg tun. Passe dich deiner Umgebung an und werde zum Normalo.

Ich bin ungeschminkt und trage einen Jeans-Overall, verzichte auf jedes Brimborium und mein übliches Diven-Gehabe. Niemand wirft mir auch nur einen zweiten Blick zu. *Die Millerin*, die gibt es an diesem Abend nicht – hier sitzt Pauline.

Wie fast jeder in meiner Branche wollte ich immer berühmt werden, aber jetzt, wo ich es bin, gibt es manchmal kaum etwas Schöneres, als unerkannt zu bleiben.

Nicht nur die professionellen Paparazzi schießen heutzutage Fotos, wirklich jeder, der einen Promi sieht, greift zum Handy und knipst. Es gibt Fotos von mir im Flugzeug nach Teneriffa, schlafend, der Kopf in den Nacken gesackt, mit weit offenem Mund und einem Speichelbläschen auf der Unterlippe. Oder ich, vor einer Currywurstbude in Berlin, mit Ketchupflecken im Dekolleté. Ich sollte mal wieder auf meinem Facebook-Account nachschauen, ob meine Fans neue Fotos von mir gepostet haben. Womöglich schreiend und prustend als Salzach-Opfer? Nicht auszudenken!

Falls die CIA – oder der Pittertatscher – mich aus irgendeinem Grund einmal suchen sollten, brauchen sie sich nur in den sozialen Medien schlauzumachen. Mein Leben ist ein offenes Buch.

Apropos Pittertatscher. Der ist uns abhandengekommen. Als sich nach dem Essen herausstellte, dass wir weder Bier noch Wein im Haus haben, weil wir den nämlich restlos vernichtet hatten, verabschiedete er sich mit den Worten: „Ich muss eh noch arbeiten. Irgendwo da draußen läuft ein durchgeknallter Serienmörder herum. Schließen Sie hinter mir ab und lassen Sie niemand herein. Verstanden?"

Bröcki und ich nickten ernsthaft, sagten unisono „Großes Pfadfinderehrenwort!" und winkten ihm nach, als er die Treppe nach unten lief. Dann zogen wir uns um und gingen zum *Zirkelwirt*.

Wenn das Chaos besonders wild tobt, braucht man eine Konstante. Und eine Stammkneipe ist die größte Konstante im Universum.

Dafür ist Yves wieder zu uns gestoßen, nachdem er die Kampfschwimmer ausgelöst hat. Er ist aber nur körperlich anwesend. Seine gesamte Aufmerksamkeit gilt seinem Handy.

Der Barkeeper serviert unsere Getränke. Bröcki schleckt den Schlag vom Löffel, ich trinke durstig, Yves beachtet sein Cocktailglas gar nicht weiter, sondern tippt eifrig auf sein Display. Bröcki und ich schauen uns an und zucken mit den Schultern.

Radames schläft unter meinem Barhocker. Nein, nicht narkoleptisch, einfach nur müde. Die letzten Tage waren einen Tick zu aufregend für ihn. Gleichmäßig hebt sich seine schmale Hundebrust. Mir wird ganz mütterlich ums Herz, und ich meine, seine kleinen Schnarchlaute zu hören, obwohl es an diesem Abend im *Zirkelwirt* ziemlich lustig – ergo: laut – zugeht.

„Boar, was für Kerle", murmelt Yves.

„Was machst du denn da?", will Bröcki wissen.

„Es gibt sie sogar als Wandkalender!" Yves ist sichtlich hingerissen.

„Wen?"

„Deine Lebensretter!" Yves hält mir sein Handy entgegen, und ich erkenne entblößte Oberkörper mit Sixpack.

„Die sind ja untätowiert", sage ich skeptisch. So hatte ich mir das nicht vorgestellt. „Ich dachte immer, Navy Seals sind wie alle Seeleute tätowiert. Sind die Jungs auf dem Kalender überhaupt echt?"

„Du hast doch keine Ahnung! Tattoos sind sowas von vorgestern", erklärt er abfällig und nimmt sich sein Handy wieder vor. „Was für Kerle!", wiederholt er, während sein Finger über das Display huscht.

„Bestellst du dir etwa diesen Wandkalender?" Ich schaue skeptisch.

„Yep. Per Über-Nacht-Expresszustellung. Das ist es mir wert!" Er hechelt förmlich.

Ich weiß, was Sie jetzt denken. Aber erwähnte ich schon, dass mein ureigenster Countertenor Yves zwar zart gebaut ist und viele Manierismen sein eigen nennt, aber – ähnlich wie Farinelli, der Kastrat – auf Frauen steht? Dass er nicht nur von fern Frauen anbetet und mit ihnen Rezepte tauscht oder sie als bester

Kumpel auf Helene-Fischer-Konzerte begleitet, nein, dass er sie ganz konkret verehrt und auch gern bespringt? Natürlich weitaus seltener, als Jimmy das getan hat – niemand hat mit so vielen Frauen geschlafen wie Jimmy, nicht einmal Julio Iglesias –, aber wenn er es tut, dann mit Begeisterung und Ausdauer und enormer Fruchtbarkeit. Aus irgendeinem Grund scheint so gut wie jede Frau, mit der Yves schläft, schwanger zu werden. Er hat bereits drei uneheliche Kinder. In Worten: 3. Wie gut, dass er aus reichem Haus ist und die Unterhaltszahlungen für noch mindestens drei weitere Bälger locker aus der Portokasse zahlen kann.

Diese Navy Seals müssen etwas anderes in ihm ansprechen, nicht seine Libido.

„Du kriegst doch jetzt keinen Koller und trittst der Fremdenlegion bei?" Bröcki fasst meine Sorge in Worte.

Yves macht „Pfft!" und tippt weiter. Ich ahne schon, womit morgen nach der Expressauslieferung die Wände unserer Villa geschmückt werden. Runter mit den echten Hockneys und Chagalls und ran mit den Navy-Seals-Nahaufnahmen!

„Großer Gott!", kreischt da plötzlich eine ältere Frau angewidert neben mir. „Da liegt eine tote Ratte vor der Bar."

Sie wendet sich entsetzt ab, nur ihr Zeigefinger weist auf Radames. Gut, dass er schon schläft.

„Das ist keine Ratte, das ist mein Hund." Ich klinge so verstimmt, wie ich mich fühle.

„Das soll ein Hund sein?" Sie schaut noch einmal hin. „Herrje, da ist wohl bei der Zucht was schiefgelaufen ..." Ihr Begleiter kichert.

Bröcki kann mich gerade noch zurückhalten. Ich schwöre, sonst hätte ich dieser Person meinen Saft ins Gesicht geschüttet!

„Pauly, lass gut sein. Du musst an deinen Ruf denken!"

Ich weiß nicht, ob ich auf sie gehört hätte, aber in diesem Moment klingelt Yves' Handy. Vor Schreck – so vertieft ist er in seine Männerkalenderbestellung – lässt er das Handy fallen. Es glitscht über die Theke, an mir vorbei, direkt hinein in Bröckis ausgestreckte Hand. Sie geht ran, da kennt sie nichts.

„Vorzimmer Yves DuBois, 'allo, 'allo", flötet sie. Dann wird sie rot.

Ich stoße Yves mit dem Ellbogen an. „Oho, eine deiner Gespielinnen flüstert Unanständiges in den Hörer." Ich grinse von Ohr zu Ohr.

„Weil sie Bröckis Stimme mit meiner verwechselt hat?", brummt Yves ungnädig.

Aber selbst wenn er brummt, dann mit erstaunlich hoher Stimme. Für mich ist sonnenklar, dass man das am Telefon schon mal verwechseln kann. Das sage ich aber nicht, weil ich ihn als Freund behalten will.

Bröcki wechselt von hellrot über hummerrot zu dem Rot, das bis vor kurzem noch meine Pusteln hatten, dann streckt sie mir Yves' Handy entgegen. „Für dich."

„Geht's dir gut?", erkundige ich mich besorgt.

„Frag nicht so dumm, nimm schon!"

Es ist Kommissar Pittertatscher. „Ihr Handy ist tot", sagt er vorwurfsvoll.

„Ich weiß, es ist ertrunken. Es starb den Salzachtod, als mich ein verrückter Mörder in die Fluten warf, schon vergessen?"

„Deswegen rufe ich an."

„Um mir den Handy-Händler Ihres Vertrauens ans Herz zu legen?" Ich klimpere mit den Wimpern, obwohl er das gar nicht sehen kann.

„Nein, um Ihnen zu sagen, dass ich den Fall aufgeklärt habe."

„Sie haben den Mörder?" Aufgeregt springe ich vom Barhocker. Bröcki, die gerade ihr Handy aus der Handtasche gefischt und eingeschaltet hat, schaut auf. Yves hält im geräuschvollen Schlürfen seines Cocktails inne.

„Der Mörder ist eine *sie*", verkündet Pittertatscher.

Ha, das habe ich doch gleich gewusst! „Branwen hat gestanden?" Ich jodle es förmlich.

Yves und Bröcki schauen erstaunt.

„Unsinn. Frau Lloyd hat zwar das Bewusstsein erlangt, konnte aber keine Angaben zur Tat machen. Das Feuer hat sie im Schlaf überrascht."

Das enttäuscht mich. „Es war eine fremde Frau?"

„Wär's Ihnen lieber, wenn Sie die Täterin persönlich kennen?"

Irgendwie schon, ist doch verständlich. Wenn man den Täter kennt, kann man sich eine Erklärung zurechtbiegen – ein uralter Streit, eine längst vergessene Auseinandersetzung, irgendetwas, das Jahre später in eiskalter Rache eskaliert. Aber wenn man Opfer eines völlig Fremden wird, fragt man sich doch unwillkürlich, warum einen das Schicksal ausgesucht hat. Warum ausgerechnet ich – ich habe doch nichts getan!

„Na, dann werden Sie sich freuen – die Täterin ist keine Unbekannte für Sie. Um es kurz zu machen ... Frau Loiblsberger ist untergetaucht", fährt Pittertatscher fort.

„Die Dirigentin war's?", entfährt es mir.

Bröcki, jetzt wieder mit normaler Gesichtsfarbe, hebt die Augenbrauen.

„*Mon dieu!*", haucht Yves wortlos und presst sich die Hand vor den Mund. Manchmal glaube ich, er hat

nur zwei emotionale Zustände drauf: normal zu gucken oder „Mon Dieu!" rufend die manikürte Hand
vor den Mund zu pressen.

„Unsinn", sage ich. „Die Loiblsberger war das
nicht!" Die Frau hat einen Mittelscheitel und trägt
gebügelte Jeans. Die hat in ihrem ganzen Leben noch
nie abgeschrieben, einen Lutscher stibitzt oder die
Steuer auch nur um zehn Euro betrogen. Geschweige
denn jemand ermordet.

Und außerdem ist sie normal gebaut und kann
mich nie und nimmer über das Brückengeländer ge-
hievt haben! Andererseits ... Dirigenten haben vom
vielen Dirigieren starke Armmuskeln! Hm.

„Wir haben in James O'Shays Unterlagen Liebes-
briefe von ihr an ihn gefunden. Besser gesagt: Hass-
briefe. Offenbar hat sie es nicht verkraftet, dass er sich
nach kurzem, intensivem Glück von ihr getrennt hat",
erzählt der Kommissar. „Vermutlich hat Herr Staun
davon gewusst, denn O'Shay und Frau Loiblsberger
haben laut den Briefen mindestens eine Nacht in der
WG verbracht. Außerdem war sie mit Harry Cho
zum Mittagessen verabredet an dem Tag, als er getötet wurde, und sie macht Krafttraining. Die Indizien
sprechen eine deutliche Sprache."

„Und in ihrer Wohnung fanden sich Streichhöl-
zer, weswegen sie auch für den Brand verantwort-
lich sein muss?", spotte ich. „Das sind doch Pipifax-
Indizien!"

„In der Garderobe von Frau Loiblsberger fanden
wir den Wohnungsschlüssel von Herrn DuBois. Sie
konnte sich also problemlos Zugang verschaffen und
Herrn Staun über die Balustrade stoßen."

„Oh." Das ist allerdings ein überzeugendes Argument.

„Ich dachte, Sie würden sich etwas mehr darüber freuen. Schließlich sind Sie damit gewissermaßen aus dem Schneider."

„Deshalb rufen Sie mich an? Um mir zu sagen, dass ich jetzt wieder reisen darf?"

Es tritt eine Pause ein. Wieso zögert er? Da ist doch was im Busch?

„Ja", behauptet er dann. Und ich weiß mit jeder Faser meines Körpers, dass das gelogen ist. „Noch einen schönen Abend."

Ich starre das Handy in meiner Hand an.

In diesem Moment bekommt Bröcki eine SMS. Sie fliegt förmlich vom Hocker und ruft im Hinausgehen: „Wartet nicht auf mich."

Radames bellt ihr hinterher. Er mag es nicht, wenn sein Rudel sich zerstreut. Wenn es nach ihm ginge, sollten wir alle von Sonnenauf- bis Sonnenuntergang wie siamesische Zwillinge untrennbar auf meinem Himmelbett liegen, uns gegenseitig kraulen und Würstchen fressen.

Yves nimmt mir sein Handy ab und sagt: „Wenn ich vier Kalender bestelle, bekomme ich einen umsonst dazu."

Ich seufze.

Es ist klar, wie dieser Abend endet, oder?

„Herr Ober, bringen Sie mir eine Flasche Champagner!"

## Das Mozartkugelmassaker

Man kann sich keinen imaginären Holzzaun zimmern, ihn weiß streichen und denken, er würde die Alpträume außen vor halten. So funktioniert das nicht.

Schweißgebadet wache ich auf. In meinem Traum sind – wie auf einem Laufsteg des Grauens – Jimmy, Mads, Harry und Branwen an mir vorbeiflaniert: Jimmy mit dem Kopf unterm Arm, Mads mit einer Eisenstange in den Eingeweiden, Harry mit einem Seil um den Hals und Branwen quasi als lebende Fackel. Und über allem schwebte der mittelgescheitelte Kopf der Loiblsberger, die infernalisch-hämisch lachte.

Radames, der Gute, springt aufs Bett und leckt mir das Gesicht. Das ist seine Antwort auf jedwedes Problem – Liebeskummer, Magenverstimmung, Alpträume. Hundesabber als Allheilmittel.

Na gut, dann bin ich jetzt also wach.

Der Regen ist Geschichte, draußen geht gerade die Sonne auf. Sonnenaufgänge sieht man in meinem Job eher selten. Ich verlagere meinen Standort ins Wohnzimmer, obwohl das offiziell immer noch abgesperrte Tabu-Zone ist, aber von dort hat man den besten Blick auf Salzburg, das in diesem Moment gülden von der Sonne wachgeküsst wird. Ein unglaublich schöner Anblick, der das Herz wärmt und der Seele Flügel verleiht. Wenn man nicht vor lauter Schlaf in den Augen gleich wieder wegpennt.

Aufwachen. Aufstehen. Bettdecke um die Schultern legen. Zur Couch im Wohnzimmer schlurfen. Wieder hinlegen. Räkeln. In die Decke einmummeln. Weiterschlafen. Ich wäre ein tolles Haustier. Viel besser als Radames.

Als ich erneut aufwache, dieses Mal richtig, ist es schon fast Mittag.

Jemand hat mir einen gelben Post-it-Zettel auf die Stirn gepappt. *Bin in der Stadt, dein Handy ersetzen* – in Bröckis unleserlicher Handschrift. Die man im Grunde nicht entziffern kann. Vielleicht hat sie auch geschrieben: *Alien-Invasion! Rette sich, wer kann.* Ganz ehrlich? Es ist mir egal!

Ich setze mich auf und stöhne. Es ist nicht der Champagner, dem ich den Kater zu verdanken habe. Es ist mein Leben. Ich fühle mich wie gerädert.

Radames stützt sich mit den Pfötchen an der Couch ab und winselt. Er muss wohl mal pieseln.

„Yves!"

„*Quoi?*" Er klingt unleidlich.

„Radames muss mal."

„Schön für ihn." Mit sauertöpfischer Miene kommt Yves ins Wohnzimmer geschlappt. „Schau dir das an!"

Er hält mir ein grobkörniges Bild von einem Mann entgegen, der im Sand liegt und eine riesige Waffe auf einen nicht sichtbaren Feind gerichtet hat. Man sieht sehr viel vom Sand und kaum etwas vom Mann.

„Das hat der Expressbote eben gebracht. Das ist doch Abzocke. Ich dachte, das wird so ein Kalender wie von den New Yorker Feuerwehrmännern. Du weißt schon ... sexy. Aber das sind lauter blöde Einsatzfotos, auf denen man gar nichts erkennt außer Sand und Wasser." Er blättert um, und man sieht die Tiefsee und in der Ferne jemand, der sich im Taucheranzug an einem Unterwasserscooter festhält.

„Yves! Radames platzt gleich die Blase."

„Dann halt ihn eben übers Waschbecken. Oder lass die Blase platzen. Das ist nicht mein Problem." Er stapft in die Küche.

Ist er etwa enttäuscht, weil keine halbnackten Kerle auf seinem Kalender zu sehen sind? Hm, ob all seine Kinder womöglich einer Überkompensierung entsprungen sind? Ist Yves doch schwul und weiß es nur noch nicht?

Diese Frage muss, ebenso wie die Frage nach dem Sinn allen Lebens und die Lösung für die Riemann-Hypothese, offen bleiben.

Ich bringe es nicht über mich, Radames auf den Teppich pinkeln zu lassen, was allem Anschein nach sekündlich bevorzustehen scheint. Nicht wegen des Teppichs – Dinge sind ersetzbar. Und der Teppich gehört ja eh nicht mir. Nein, wegen Radames' Würde. Ich würde ja auch nicht auf einen Teppich pinkeln wollen.

Okay, ich gebe zu, dass ich Radames versuchsweise über das Waschbecken im Badezimmer halte und sogar den Wasserhahn aufdrehe in der Hoffnung, dass das auch in meinem kleinen Liebling die Schleusen öffnet. Aber er schaut mich nur vorwurfsvoll an.

Ein Blick aus dem Fenster zeigt, dass Salzburg nicht nur wachgeküsst ist, sondern auch trocken und sonnig. Also schäle ich mich aus meinem Flausche-Pyjama, schlüpfe in das asymmetrische, gepunktete Tüllkleid, das Karl – ja, *der* Karl – speziell für mich entworfen hat, und setze meine riesige Sonnenbrille auf. Das Duschen spare ich mir. Bis auf weiteres möchte ich nicht wieder in Kontakt mit Wasser kommen. Ich weiß nicht, wie lange ich das durchhalten werde, aber im Rokoko hat man sich mit Puder und Parfüm ja auch bestens geholfen.

Auf dem Weg zur Wohnungstür meldet sich mein Magen. Er knurrt.

So viele traumatische Erlebnisse verlangen Kalorien.

Nach Kalorien in Form von original Salzburger Mozartkugeln!

Ich gehe in die Küche, wo mich – Zong! – der Schock meines Lebens erwartet.

Die Höldt aus dem ersten Stock, heute wieder mit Betonfrisur, aber statt Tracht in einem rosa Frotteebademantel, sitzt am Küchentisch. Und hält Händchen mit Yves. Gemeinsam blättern sie den Kampfschwimmerwandkalender durch.

Und wenn ich hundert Jahre alt werde, manche Dinge in diesem Universum werde ich nie verstehen.

„Guten Morgen", sage ich und gehe im Seitwärtsgang wie eine Krabbe zum Kühlschrank. Dieser Frau wende ich mit Sicherheit nicht den Rücken zu. Ein Blick in den Kühlschrank zeigt, dass die gesamten Mozartkugelvorräte bis auf eine einzige Packung vernichtet sind. Die schon zur Hälfte leer ist, da habe ich die Kühlschranktür noch gar nicht ganz geschlossen. Hamsterbackig kauend wird mir klar, dass mir lächerliche sechs Mozartkugeln nicht reichen werden. Also auf in die Stadt und an die Quelle.

Im Krabbengang geht es zurück zur Küchentür. „Einen schönen Tag noch", mümmle ich, aber die beiden beachten mich gar nicht weiter.

Meine Handtasche lasse ich im Schlafzimmer, ich schnappe mir nur meinen Liebeskind-Geldbeutel und Yves' Handy, das auf der Anrichte neben der Wohnungstür liegt, und ziehe los. Noch im Treppenhaus vernichte ich die restlichen vier Kugeln.

Mit Radames im Schlepptau, der die vom gestrigen Regen schon übersatten Bäume gießt, flaniere ich zum *Café Fürst* in die Brodgasse. Über die Staatsbrücke, auch wenn das ein Umweg ist. Hinter den dunklen

Brillengläsern werfe ich ausnahmslos allen bösen Blicke zu. Ich verdächtige jeden.

Wie es Branwen wohl geht? Ich will Pittertatscher per SMS fragen, aber auf Yves' Handy finde ich nur den Festnetzanschluss des Kommissars. Spontan rufe ich dort an, unterbreche die Verbindung aber nach dem ersten Klingeln. Nein, mir ist jetzt nicht nach reden. Außerdem sind wir uns eh nie nahegestanden. Ich würde nur die Leitung besetzen für jemand, dem echt was an ihr liegt. Also hoffe ich einfach mal das Beste für Branwen.

Wenn ich früher an den Tod gedacht habe, was selten genug vorkam, dann war der immer weit weg. Schon rein berufsbedingt stellte ich mir in solchen Momenten gern vor, dass ich eines fernen, sehr fernen Tages einen heldinnenhaften oder wenigstens mysteriösen Tod sterben würde – auf dem Weg zu irgendeinem Opernhaus mitsamt dem Flugzeug, in dem ich sitze, spurlos verschwinden, während ich den Fallschirm, mit dem ich mich hätte retten können, einem Waisenkind überlasse –, ging aber ehrlicherweise immer davon aus, dass ich höchstwahrscheinlich einfach über Radames (oder einen seiner Nachfolger) stolpern und dabei an der Praline ersticken würde, die mir gerade einwarf.

Aber jetzt ist der Tod ganz nah, und es sieht nicht so aus, als käme er in Form eines banalen Haushaltsunfalls. Nein, ich sollte ertränkt werden! Die vorletzte Tötungsvariante auf der Liste von Osmin. Danach kommt nur noch ‚zu Tode schinden'.

Da fällt mir auf, dass ich gar nicht genau weiß, was ‚schinden' eigentlich heißt. Ich weiß es, ehrlich gesagt, nicht einmal ungenau.

Als ‚Schinderei' empfand ich während meiner Schulzeit das Vorbereiten auf Prüfungen unter hohem Termindruck, aber ich bin mir sicher, dass man im Mittelalter etwas anderes darunter verstand.

Ich laufe beim Café ein, als just ein Außentisch frei wird. Das kommt einem Wunder gleich, und ich werte es als Zeichen. Also setze ich mich und google den Begriff ‚schinden‘ auf Yves' Smartphone. Prompt werde ich unter meiner sommerlichen Salzburg-bräune blass.

Da steht, das Schinden sei eine Form des Enthäutens, eine von der Antike bis ins Mittelalter praktizierte Hinrichtungsmethode, bei der den Opfern die Haut bei lebendigem Leib abgezogen wird, was zu Blutverlust und einem Zusammenbruch des Wasserhaushalts führt und letztendlich zu einem qualvollen, langsamen Tod.

Hm. Womöglich war ich mit Ertrinken noch gut dran.

„Was darf's sein?", fragt mich die Bedienung.

„Drei Schachteln Mozartkugeln zu je sechs Stück", bestelle ich.

„Die müssen Sie im Laden ..."

Ich stecke ihr einen Schein zu, einen fetten Schein. „Der Rest ist für Sie."

„Die werden Ihnen wegschmelzen ...", warnt sie.

„Wollen wir wetten?" Ich sehe ihr in die Augen.

Sie grinst. Die Frau ist nicht erst seit gestern im Geschäft und erkennt eine Schokoholikerin, wenn sie eine sieht.

Auf dem Display von Yves' Handy plingt eine Push-Nachricht auf. Offenbar hat er den Twitter-Account der französischen Nachrichtenagentur AFP abonniert. *3 morts dans Festival de Salzbourg #AFP.* Dazu ein Link zu der Homepage von TV5, auf der man zu einer Fotostrecke mit Bildern von Jimmy,

Mads und Harry kommt. Es gibt auch eine Aufnahme vom Haupteingang des Krankenhauses, in dem Branwen liegt.

Kein Wort über mich!

Ist das zu fassen? Ich bin der Sopran!

Gut und schön, ich lebe noch. Aber man hätte doch ein ästhetisch ansprechendes Foto von mir am Ufer veröffentlichen können, umringt von den heldenhaften Kampfschwimmern, unter deren klatschnassen Hemden sich ihre durchtrainierten Muskeln abzeichnen. Ich werde Bröcki auffordern, eine geharnischte Mail an TV5 zu schreiben!

Meine Mozartkugeln kommen.

Ich weiß, ich weiß – die Dame von Welt isst eine nach der anderen. Aber in Momenten großer emotionaler Erregung erlauben auch Etikette-Päpste das Einwerfen von drei Mozartkugeln auf einmal. Das ist übrigens eine Kunst, die – angesichts der Größe einer Mozartkugel – viel Übung erfordert.

Am Nebentisch erkennt mich jemand. Mit dicken Backen nicke ich hinüber – fast schon dankbar fürs Erkanntwerden – und vertiefe mich dann wieder in mein Handy. Das heißt, ich tue nur so. In Wirklichkeit denke ich nach. Mit drei weiteren Kugeln im Mund.

Am besten wär's nämlich, wenn ich weder etränkt noch zu Tode geschunden würde. Aber dafür muss ich herausfinden, wer dieser hochgradig Verrückte ist, der seine kranke Phantasie im wirklichen Leben austobt. Denn die Loiblsberger war es nicht, da bin ich sicher. Pittertatscher setzt aufs völlig falsche Pferd. Ich bin ehrlich davon überzeugt, dass so berühmte Menschen wie sie – angeblich soll sie demnächst als erste Frau die Berliner Philharmoniker leiten! – viel zu eng getaktete Terminkalender haben, um da noch groß Serienmorde unterbringen zu können. Wenn Promis töten, dann im Affekt. Mal schnell den Lover erschießen, die Ehefrau mit dem Golfschläger erschlagen – sowas. Aber nicht drei lang, drei breit und episch eine Mozartarie nachstellen.

Noch drei Mozartkugeln auf einen Streich, um Energie für meine kleinen, grauen Zellen zu liefern.

Andererseits – vielleicht sind die Morde ja tatsächlich im Affekt geschehen. Eine Domino-Kettenreaktion, die erst ausgelöst wurde, als wir alle in Salzburg aufeinandertrafen ...

Während ich die zweite Packung aufreiße, versuche ich mich zu erinnern, ob es bei dem Begrüßungs-Cocktailabend mit den Salzburger Honoratioren und Sponsoren oder bei den Proben irgendeinen Hinweis auf befremdliches Verhalten gab, und sei er noch so klein. Ein Affront, eine beleidigende Bemerkung oder Geste ...

Noch drei Kugeln finden ihr Ende in dem Mahlstrom meines Mundes.

„Wären Sie so freundlich?", fragt mich der Herr vom Nebentisch. Ist das tatsächlich das Bainbridge-Hemd mit echten Diamantmanschettenknöpfen, das er da trägt? Neulich in der italienischen *Vogue* abgebildet, mit Preisangabe. Für das Geld könnte man den Hunger in Westafrika drei Monate lang beseitigen. Aber hey, ich sitze in einem Lagerfeld-Kleid hier. Wer bin ich, dass ich mit Steinen werfe?

„Das ist ein Hund, nicht wahr?", fragt seine sehr junge Begleiterin – sicher seine ... ähem ... Nichte – und versucht, Radames zu streicheln.

Radames lässt sich nicht gern von Fremdfrauen streicheln. Er schnappt. Mit einem „Huch!" zieht sie ihre Hand zurück. Beleidigt nuschelt sie: „Sieht aus wie eine gefleckte Ratte."

Sehr originell mal wieder, echt. Ratten haben ein spitzes Gesicht, kein plattes. Und kürzere Beine. Und sehen überhaupt völlig anders aus!

Die ersten beiden Packungen sind mittlerweile leer. Ich breche die verbliebene Packung auf.

Der Herr reicht mir einen Montblanc-Füllfeder-halter, nach dem ich mit schokoladeverschmierten Fingern greife.

Ich schaue auf das Papier, das er mir zugeschoben hat. Es ist die Eintrittskarte für die Premiere unserer *Entführung*. Die ja nun ausfällt. Wenn ich das Teil signiere und er es auf eBay versteigert, wie viel bekommt er dann wohl dafür? Die möglicherweise letzte Überlebende.

Moment. Das stimmt ja nicht. Es gibt noch diesen Schauspieler. Äh ... Wolfgang, genau. Den vergesse ich immer, weil Schauspieler für mich nicht wirklich zählen. Aber Schauspieler sind ja auch Menschen. Irgendwie.

Mein Gott, Wolfgang. Falls der Mörder sich nicht flexibel umstellt und statt meiner *ihn* zur Wasserleiche macht, weil er an mir gescheitert ist, dann wird Wolfgang geschunden.

Mich schaudert.

Rasch kritzle ich meinen Namen auf die Eintrittskarte. Die Premiere fällt ja ins Wasser – wird er sein Geld noch zurückbekommen, wenn ich mich mit meiner Unterschrift darauf verewige? Parterre Mitte. Soviel ich weiß, hat er dafür gut und gern einenhalbtausend Euro springen lassen. Aber für das Geld bekommt er ja auch – laut Kartenaufdruck – „den schönsten Mozart aller Zeiten".

Ich starre die Karte an.

„Alles in Ordnung?", fragt mich der Nebentisch-herr.

Ich schiebe ihm die Karte zu, stopfe mir die ver-bliebenen drei Mozartkugeln in den Mund, springe auf und laufe davon, Radames eng an mich gepresst. Gleich darauf bin ich im Getümmel der Leiber unter-getaucht.

Ich laufe mit einem festen Ziel vor Augen.

Denn ich weiß jetzt, welcher menschliche Killer-Tsunami drei, vielleicht demnächst vier der genialsten Stimmen unserer Zeit für immer zum Verstummen gebracht hat.

Ja, ich kenne die Identität des Mörders!

Pauline Miller hat den Fall gelöst.

# Dritter Aufzug

*Wir lernen, dass des einen Freud des andren Leid ist.*

*Und dass einem manchmal nur die Wahl zwischen Osterhasenkostüm und Leichensack bleibt ...*

## Was will die Sopranistin mit dem Hackebeil?

Wie das Phantom der Oper, nur ohne Gesichtsmaske, schleiche ich durch das Große Festspielhaus. Riesig wird mein Schatten an die Wand geworfen.

Dem Portier habe ich gesagt, dass ich meine Sachen aus der Garderobe holen will. Kein Thema, hat er geantwortet.

Ja, ich weiß jetzt, wer der Täter ist, und ich werde ihn eigenhändig überführen.

Dumme Idee, sagen Sie? Woraufhin ich Ihnen antworte: Wenn niemand aus der Zukunft mit seiner Zeitmaschine anreist und plötzlich vor mir steht, um mich davon abzuhalten, es zu tun, wie falsch kann die Entscheidung dann schon sein?

Eben!

Zudem wimmelt es im Festspielhaus vor Überwachungskameras und Menschen, und es gibt keine großen Wannen oder Wassertanks, in denen ich ertränkt werden könnte. Somit bin ich völlig sicher.

Ich plane ja auch keine Jedermann-Festnahme. Was übrigens nicht der Name für eine Festnahme in Salzburg während der Festspielzeit ist, sondern tatsächlich so heißt: Festnahme durch jedermann, also durch ganz normale Bürger und Bürgerinnen, wie ich eine bin. Gut, eigentlich gilt das nur für Verbrecher, die man auf frischer Tat ertappt und bei denen Fluchtgefahr besteht. Aber, wie gesagt, ich plane keine Festnahme.

Ich will dem Mörder einfach nur vor Zeugen an den Kopf werfen, dass – und vor allem wie – ich ihm auf die Schliche gekommen bin, und sein Gesicht im Moment der Erkenntnis, dass alles aus ist, mit der Handykamera festhalten.

Wo ich das Handy schon in der Hand habe, rufe Bröcki an, damit sie Pittertatscher davon in Kenntnis setzt, dass die Auflösung des Falles dank mir kurz bevorsteht. Und dass weder die Loiblsberger noch *ich* die Mörderinnen sind, sondern ...

„Was willst du?" Das ist die typische Begrüßung, die Bröcki offenbar nicht nur mir, sondern auch Yves zuteilwerden lässt, wenn sie am Display sieht, wer sie anruft. Es soll ja Agentinnen mit besseren Umgangsformen geben.

„Ich bin's", sage ich, um Missverständnissen vorzubeugen. „Bröcki, wo bist du?"

„Wo ich bin?" Sie zischelt flüsternd, als ob sie nicht will, dass jemand neben ihr mithört. „Ich hab dir doch aufgeschrieben, wo ich bin."

„Das konnte ich nicht lesen. Du hast so eine Sauklaue."

„Pressekonferenz wegen Premierenabsage!"

„Wie? Ohne mich?" Schlagartig bin ich wieder Operndiva anstatt Hobby-Miss-Marple. Meine Agentin hat mich zu einem großen Auftritt vor den Linsen der Weltpresse nicht mitgenommen? Meine Nüstern blähen sich.

„Komm runter, wir planen nur im kleinen Kreis, wie wir die Pressekonferenz gestalten wollen. Du kriegst deinen Auftritt schon noch."

Ich atme wieder aus.

Bröcki kommt in Fahrt. „Ich habe vorgeschlagen, dass es sehr emotional werden soll. Eine Dia-Show mit Bildern der Verstorbenen. Als sie noch lebten. Grußworte ihrer Angehörigen per Live-Schaltung. Ein wenig Geigenmusik. David Garrett soll gerade in Österreich urlauben, den könnte man fragen. Wir werden diese Hardcore-Pressefuzzis dazu bringen, schluchzend den Saal zu verlassen, und ..."

„Äh ... wie auch immer ...", unterbreche ich sie. „Ich weiß jetzt, wer der Mörder ist. Du musst Pitter-tatscher anrufen und es ihm sagen. Jetzt! Sofort!"

„Ich? Warum ich? Kommt überhaupt nicht in die Tüte!"

„Wie bitte? Warum nicht? Du willst doch auch, dass der Mörder seiner gerechten Strafe zugeführt wird! Das kann dir doch nicht egal sein!"

„Ich mische mich nicht gern ein. So bin ich eben."

„Du mischst dich nicht gern ein?" Wie blind für den eigenen Charakter kann man eigentlich sein? „Du bist eine Frau der Tat und keine Duckmaus, die sich nichts traut."

„Doch, so bin ich. Ohne Traute. Nenn mich meinet-wegen Duckmaus. Find dich damit ab, dass ich so bin." Bröcki wird lauter. Offenbar hat sie den Raum verlas-sen und kann jetzt so richtig aus sich herausgehen. „Alle sagen immer, sei du selbst, aber dann heulen sie rum, wenn man homosexuell, depressiv, vegan oder neutral wie die Schweiz ist."

„Bröcki, hast du mir überhaupt zugehört? Ich weiß jetzt, wer der Mörder ist! Ich bin im Festspielhaus und werde ihn gleich überführen. Ein gewissenlo-ser Serienkiller bekommt dank mir, was er verdient, nämlich mehrmals lebenslänglich mit anschließender Sicherheitsverwahrung! Willst du etwa nicht mithel-fen? Willst du Teil der Lösung oder Teil des Problems sein?"

„Du spinnst doch. Sind das die Folgen deines Was-serschadens? Geh wieder heim und leg dich hin!"

„Bröcki!"

„Nein!", bockt sie.

Ich könnte jetzt explodieren, aber das tue ich nicht. Man muss wissen, wie man seine Subalternen motiviert. Nämlich mit kühn erfundenen Thesen, die ihrem Ego schmeicheln und sie – wie eine Möhre, die man dem Esel vors Maul hängt – zum Ausdauereinsatz antreiben. Zudem ahne ich, warum Bröcki sich so untypisch verhält.

Mit meiner einschmeichelndsten Stimme säusle ich: „Bröcki, Liebes, du kannst entweder untervögelt in einer langweiligen, öden Sitzung herumhängen – oder aufs Revier gehen, zu schnuckeligen Männern in Uniform und zu einem hochgewachsenen, dunkellockigen Kommissar mit Grübchen. Was glaubst du, warum der uns ständig auf der Pelle hockt? Sicher nicht wegen mir. Bröcki, da geht was!"

Ich beende die Verbindung.

Wenn das nicht zieht, weiß ich auch nicht.

Der Mörder ist natürlich – Tusch! – Luigi, der Regisseur.

Weil seiner Meinung nach keiner von uns das wahre Wesen von Mozart verstanden hat. Weil wir Mozart getötet haben. Er will ein Zeichen setzen gegen die Banalisierung des größten Komponisten aller Zeiten. Als Mozart-Rächer, der Superheld der Klassikliebhaber. Womöglich trägt er bei seinen Taten sogar ein Cape. Also gut, ich vergaloppiere mich. Aber Luigi ist der Mörder, so viel steht fest.

Kommen Sie mir jetzt nicht mit dem Argument, dass man deswegen niemanden umbringt. Ich bitte Sie! Wir Künstler nehmen unsere Kunst ernst. Außerdem muss er schwer gestört sein, sonst hätte er ja niemand getötet. Vielleicht wollte sein krankes Hirn keinen von uns ‚Mozartmördern' in seiner Inszenierung haben, aber unsere Verträge waren unkündbar, ergo griff er zu handfesteren Mitteln?

Was weiß ich, wie ein Mörder tickt. Ich weiß nur, dass er ein leidenschaftlicher Mann ist und dass er für seine Kunst lebt. Und wie sagte schon Pittertatscher: Wer als Letzter übrig bleibt, muss der Täter sein. Wenn ich es nicht war, war er es. Und ich war es definitiv nicht!

Möglicherweise arbeitet Luigi Hand in Hand mit seinem Lebenspartner Gisbert, der Sänger grundsätzlich hasst. Ihm hat es nicht mehr genügt, uns nur das Leben schwer zu machen, indem er völlig untragbare Kostüme entwirft und Bühnenbilder, die wahre Stolperfallen sind, nein, er will uns auch noch unser Leben nehmen!

Ein diabolisches Mörderpärchen, wie Bonnie und Clyde, nur gleichgeschlechtlich. Ein Killerduo, das dank mir demnächst eine Doppelzelle in der Psychiatrie bekommen wird.

Auf der Panoramabühne ist keiner. Die über zweitausend Plätze gähnen mich leer an.

Während ich da so stehe – und darauf achte, nicht unter einem Sandsack zu stehen und auch nicht auf einer der Bühnenfalltüren! –, fällt mir ein, dass sich Luigi höchstwahrscheinlich gerade in der Pressekonferenzplanungssitzung befindet und den Trauernden mimt. Wobei er natürlich schon echte Trauer empfindet, da bin ich mir sicher – sämtliche Vorstellungen waren ausverkauft. Der Hype war gewaltig, die Nachfrage nach Karten beachtlich. Bestimmt hatte Luigi gehofft, das internationale Publikum zu enthusiamieren und damit den Grundstein für seinen Weltruhm zu legen. Aber dann genügten wir Sänger den Ansprüchen seines kranken Hirnes nicht, und er schlachtete uns sukzessive ab, was ihm ebenfalls Weltruhm bescheren wird, aber in einer ganz anderen Liga.

Na schön, wenn Luigi gerade zu tun hat, überführe ich eben Gisbert zuerst.

„Wissen Sie, wo Herr Weiß ist?", frage ich den Bühnenarbeiter, der mit seinem Werkzeugkasten die Bühne betritt, um eine der Haremssäulen zu zerlegen, wie es scheint.

„Drüben im Schüttkasten. Bereitet den Kostümabverkauf fürs Wochenende vor." Er schaut mich neugierig an.

Die Ereignisse der letzten Tage stellen eine Zeitenwende dar – von nun an kann ich nie mehr sicher sein, ob man mich anstarrt, weil ich eine begnadete Stimme besitze oder weil ich das überlebende Opfer eines Serienmörders bin. Der Bühnenarbeiterblick ist diesbezüglich eindeutig – der fragt sich sichtlich, wie lange ich es noch mache und ob er mit seinen Kollegen eine Wette abschließen soll.

„Abverkauf?", staune ich.

Er nickt nur. Bühnenarbeiter sind notorisch maulfaul.

Festspielhäuser verkaufen nur selten Zubehör, Kostümteile und Stoffe aus ihrem Lager und wenn, dann immer außerhalb der Saison. Ich vermute mal, da diese überaus kostspielige Produktion schon abgesagt werden musste, will man wenigstens für teures Geld einzelne Teile der Produktion an sensationslüsterne Käufer verscherbeln, um die Massen zu beruhigen. Wenn sie schon keine Vorstellung zu sehen bekommen, können sie zumindest mit einem Turban oder einem Bühnendolch nach Hause reisen.

„Schüttkasten, das ist ...?"

„Das weiße Haus am Herbert-von-Karajan-Platz, im Untergeschoss vom Kartenbüro."

„Danke."

Draußen riecht es nach Pferdeäpfeln. Und ein Rikscha-Radler schrammt nur knapp an mir vorbei, als er einem besonders großen Apfelhaufen ausweichen will. Seine Fuhre – ein junges, afrikanisches Paar in Tracht (der eigenen, nicht der hiesigen) – schießt Fotos von mir.

Radames quengelt. Er ist leergestrullert und will nach Hause. Tja, Pech.

Alltagsszenen, die mir jedoch samt und sonders verdächtig vorkommen. Nichts wirkt mehr harmlos.

Ich gehe schneller.

Ein bisschen ähnelt es einer Kneipp-Kur, wenn man an heißen Sommertagen von einem wohltemperierten Haus ins andere eilt.

Im Schüttkasten teilt mir eine hilfreiche Seele am Eingang mit: „Wir sind schon fertig, nur Herr Weiß ist noch unten. Er kommt bestimmt jede Sekunde hoch, warten Sie doch hier draußen in der Sonne. Da haben Sie es schöner."

Mache ich natürlich nicht.

Ich will immer alles. Und zwar gleich. Am besten noch auf einem Silbertablett serviert.

Auf dem Weg nach unten sehe ich das Toilettenschild. Ein kleiner Umweg zum Nasepudern kann nicht schaden, denke ich, setze Radames ins Waschbecken und drehe den Wasserhahn auf, damit er seinen Durst löschen kann, während ich … mich tatsächlich nur kurz nachpudere. Den Blick in den Spiegel halte ich so knapp wie möglich. Die Pusteln sind zwar weg, aber die letzten Tage sind nicht spurlos an mir vorbeigegangen. Dunkle Augenringe, vielleicht sogar die eine oder andere Angstfalte. Wenn das alles hier vorbei ist, muss ich dringend zu Carla, der Kosmetikerin meines Vertrauens in Vancouver.

Ich schnappe mir den Hund und setze meine Suche fort.

„Gisbert?", rufe ich zwischen Ritterrüstungen, einer Pferdeattrappe, diversen Stoffbahnen und unzähligen Kleiderstangen mit Kostümen.

Ich setze Radames ab, der schnüffelnd in den Untiefen des Souterrainsaales verschwindet. „Gisbert, ich weiß, dass du hier bist! Ich muss mit dir reden."

Er wird doch wohl nicht in dieser einen Minute, in der ich im Waschraum war, gegangen sein?

Nein, ich höre ein Rascheln. Am anderen Ende, wo ein offenes Regal mit Kopfbedeckungen aller Art steht, an dem die Lanzen lehnen, die eigentlich die Männer des Janitscharenchores auf der Bühne bei sich getragen hätten.

Eine Sekunde lang zögere ich. Es ist unter gar keinen Umständen clever, allein in einem Raum mit einem potenziellen Mörder zu sein. Das hatte ich so auch nicht geplant. Ich nehme mir fest vor, mich ihm nicht auf mehr als zehn Schritte zu nähern. Aber wenn dann auch noch Lanzen Teil der Gleichung werden?

Doch dann fällt mir wieder ein, dass es sich nur um Attrappen handelt, deren spitzes Ende in Wirklichkeit aus Gummi ist.

Dennoch greife ich beherzt zu dem Hackebeil, ebenfalls aus Hartgummi, das neben mir auf einem Tisch zwischen strassbesetzten Fake-Dolchen liegt.

Auch Hartgummi kann hilfreich sein! Wer wüsste das besser als eine Single-Frau?

„Gisbert!" Jetzt klinge ich schon ungeduldiger. Das Hackebeil liegt schwer in meiner Hand.

Und plötzlich taucht er auf. Direkt vor mir. Abrupt. Als ob ihn jemand geschubst hätte. Zwischen der Kleiderstange mit den Haremskostümen aus der *Entführung* und einer Stange mit Tierkostümen, zu denen mir beim besten Willen keine passende Oper einfällt.

„Gisbert?"

Er schaut komisch. Als ob er sich fürchtet. Denkt er vielleicht, ich sei bewaffnet und wolle mich für die Kollegenmorde meinerseits mit einer Bluttat rächen?

Aber sein Blick scheint ständig zur Seite zu huschen, in Richtung der Stange mit den Tierkostümen, als ob er mich auf etwas aufmerksam machen wolle, was sich hinter ihm befindet.

Da fällt mir spontan ein, dass es durchaus Tiere in Opern gibt – die Vögel in der *Zauberflöte*, die Elefanten und Tiger in *Aida*, der Schwan in *Parsifal*, der Drache in *Siegfried*. Die Gedanken sind frei – und machen, was sie wollen.

Ich reiße mich zusammen. Schließlich bin ich nicht zum Spaß hier. Wie die *Blues Brothers* bin ich in einem Auftrag unterwegs, wenn auch nicht des Herrn, sondern meiner eigenen Neugier.

„Gisbert", fange ich an.

Ich komme nicht weit.

Gisbert wird nämlich niedergeschlagen. Es ertönt ein hässlich knackendes Geräusch. Das ist mehr als eine Delle, das muss ein Schädelbasisbruch sein.

Vor Schreck lasse ich mein Hartgummihackebeil fallen.

Radames kommt angelaufen. Mein kleiner Held – in Gefahrensituationen weiß er, dass sein Platz an meiner Seite ist. Auch Handtaschenhunde haben Eier in der Hose! Im übertragenen Sinne, versteht sich. Er kläfft und sieht aus, als wolle er sich todesmutig in die Knöchel des Leibhaftigen verbeißen. Da entdeckt er das Blut, das aus Gisberts Schädel sickert ...

... und fällt um. Gleich darauf hört man regelmäßige Schnarchgeräusche. Als unsere Vorfahren vor zehntausend Jahren anfingen, Wölfe zu zähmen, hätten sie mit dem Züchten und Verzüchten aufhören sollen, bevor narkoleptische Miniaturversionen mit Höhenangst sowie Wasser- und Blutphobie dabei herauskamen.

Hinter der Haremskostümstange tritt eine Gestalt hervor. Es ist ...

Trommelwirbel!

... keine Ahnung. Er hat sich das Kostüm von Bassa Selim mitsamt Turban angelegt, den güldenen Zepter in der Hand. Das lange Ende des Turbans trägt er wie einen Mund- und Nasenschutz quer über das Gesicht geschlungen. Man sieht nur die Augen. In denen der Irrsinn flackert.

Ich drehe mich um und will weglaufen, aber da spüre ich schon den Schmerz, der sich von meinem Kopf in rasantem Tempo über meinen ganzen Körper ausbreitet.

Zweifellos hat er mich mit dem Zepter ausgeknockt.

Besinnungslos sacke ich zu Boden.

## Die Primadonna im Fleischwolf

Im Schlussstricheziehen bin ich grottenschlecht, aber das ist nicht der Punkt.

Der Punkt ist, dass jetzt Schluss ist.

Dabei hasse ich Schlussszenen. Wenn es nicht schön ist, gehe ich immer lange vor dem Ende. Wie damals im Kino, bei der Chestburster-Szene in *Alien*, in der besagtes Alien plötzlich aus der Brust von John Hurt katapultiert kam. So schnell konnte man gar nicht schauen, wie ich aus dem Kino war.

Und wenn es schön ist, soll es ewig weitergehen. Das gilt für Bücher, Opern und Filme. Und für mein Leben habe ich mir das – mal abgesehen von Flugzeugabsturz oder Pralinenerstickungstod – eigentlich auch so gewünscht. Das große Hollywood-Happyend: ich, 121 Jahre alt, mein sexy Ehemann, halb so alt wie ich, tränenüberströmt an meinem Sterbebett, um uns herum unsere vierzig Kinder, Enkel, Urenkel und Ururenkel sowie der Nachfahre von Radames, Radames der Zehnte. Das wäre doch ein schönes Ende gewesen.

Aber nein, ich liege gefesselt und geknebelt im Schüttkasten zu Salzburg, den trostlosen Tod vor Augen. Ich komme mir vor wie in den Fleischwolf gesteckt – und gleich wird am anderen Steak Tartare herausquellen …

Der Knebel schmeckt nach getragenen Socken, und ich vermute stark, dass ich genau das auch im Mund habe – eine mehrfach getragene Statistensocke, ungewaschen.

Außerdem sind mir die Beine eingeschlafen. Wie ein Veitstänzer zucke ich auf dem Boden herum, um das Blut wieder zum Zirkulieren zu bringen. Und stoße dabei kehlige Laute aus. Vielleicht hört mich ja jemand.

Aber es reagiert nur Radames, der offensichtlich wach ist, allerdings weiter weg. Wenigstens lebt er noch. Der Mörder kann folglich kein ganz schlechter Mensch sein. Vor mir tanzen die Buchstaben aus einer Gedichtzeile von Georg Trakl – *Ein Hund stürzt durch verfallene Gänge*. Das Gedicht habe ich in Stein gemeißelt im Mirabellgarten entdeckt. Aber Radames stürzt nicht, er kläfft nur. Vermutlich irgendwo angeleint.

Wie lange war ich bewusstlos?

Wird jeden Moment der Finsterling mit dem Turban kommen und mir die Haut von den Knochen ziehen, als wäre ich ein Bratapfel?

Ich gebe zu, dass ich bezüglich der Identität des Mörders ein wenig ins Schwanken gerate. Wenn es wirklich Luigi war, der sich unter Paschakostüm und Turban verbarg, wieso hat er dann seinen Lebensgefährten Gisbert erschlagen? Um den einzigen Mitwisser auszuschalten? Außerdem ist Luigi eins von diesen altgriechischen Kugelwesen – er hätte das Paschakostüm umnähen müssen, um die Wampe nicht im Freien zu tragen. Na ja, Gisbert ist gelernter Herrenschneider. Theoretisch durchführbar war es also schon.

Ich schaue mich um.

Gisberts Beine lugen unter einer schrill gemusterten Stoffbahn hervor. Das spricht für Luigi als Täter – er erträgt den Anblick seines toten Geliebten nicht und musste ihn abdecken. Zugedeckte oder hübsch angerichtete Leichen sind immer ein Zeichen für eine emotionale Beteiligung des Täters. Das weiß ich, weil ich mit Vorliebe *Elementary* schaue. Wegen dem weiblichen Watson. Aber auch, weil man nebenher immer was lernt.

Oder der Mörder ist doch jemand anderes und hat Gisbert nur deshalb unter Stoffbahnen versteckt, damit er von zufällig vorbeikommenden Festspielmitarbeitern nicht gesehen wird.

Aber wer soll hier zufällig vorbeikommen? Niemand. Das wird sich wohl auch der Täter gedacht haben, sonst hätte er mich ja ebenfalls zugedeckt.

Mittlerweile bin ich ganz sicher, dass der Mörder losgezogen ist, um sich ein scharfes Messer zum Häuten zu besorgen.

Ich muss mich befreien!

Es wäre doch gelacht, wenn mir das nicht gelänge. Ein Blick auf meine Beine zeigt, dass ich mit einer groben Kordel gefesselt wurde, wie man sie von Theatervorhängen kennt. Ein Messer, ein Königreich für ein Messer!

Aus den Augenwinkeln sehe ich das Gummihackebeil. Das wird mir nicht von Nutzen sein. Ich brauche etwas Scharfes. Wie beispielsweise ... eine Schere.

Wenn ich jetzt meine Umhängetasche dabeigehabt hätte, könnte ich mir das Schweizermesser herausangeln. Aber nein, ich wollte ja *light* unterwegs sein.

Da fällt mir siedend heiß ein, dass Gisbert Bühnenbildner ist. Der muss doch schon berufsbedingt immer etwas Scharfes in der Hose haben. Also ... Sie wissen, was ich meine.

Teppichmesser. Sowas in der Art.

Ich robbe also in Richtung seiner Hosenbeine, was sich als schwieriger erweist, als es klingt. Auch ohne auf dem Rücken gefesselte Hände und zusammengebundene Beine bin ich nicht die Gelenkigste. Zudem erschwert der Knebel die Atmung. Aber wo ein Wille ist ... oder so ähnlich. Jedenfalls bin ich – gefühlte Stunden später – bei Gisbert angelangt.

Sein Brustkasten scheint sich zu heben, fast unmerklich, aber immerhin. Er lebt also noch. Möge das nicht die einzige gute Nachricht des Tages sein!

Ich presse mich mit dem Rücken an ihn und taste mit den Händen an seinem Schritt herum. Gib mir Kraft!, flehe ich die höhere Macht an, zu der ich seit meinen Kindertagen ein relativ distanziertes Verhältnis habe, mit der ich aber in Notsituationen immer gern in einen Monolog trete.

Das muss doch zu schaffen sein, flüstere ich mir selbst zu. Ich schiebe mich auf Gisbert und hoffe, dass ich seinen Weichteilen durch mein Gewicht keinen irreparablen Schaden zufüge. Weil ich mich ja nicht abstützen kann, liege ich wie ein nasser Sandsack auf ihm. Mich tröstet, dass er, sollte er das hier überleben, sich ja immer noch durch Adoption fortpflanzen kann. Unter mir atmet es Gott sei Dank weiter, aber ein Messer ertaste ich nicht. Mist!

Ich rolle von Gisbert herunter.

Radames jault.

Ein genialer Gedanke keimt in mir. Radames ist ein Hund. Ein sehr kleiner, schwer gestörter Hund, aber nichtsdestotrotz ein Hund. Mit Hundezähnen. Er kann meine Fesseln aufbeißen!

„Hmpfhmpfhmpf!", brülle ich hinter dem Knebel. Radames, der Gute, weiß, dass ich damit ihn meine, und fängt an zu bellen.

Ich folge dem Bellen und robbe mich an zwei Kleiderstangen vorbei und um eine Säule herum zu meinem kleinen Schnuffel, den die Situation eindeutig überfordert. Böse Menschen, die anderen Menschen wehtun, die das Frauchen fesseln und ihn an einen Tisch binden ... es hätte mich nicht erstaunt, wenn er statt in einen narkoleptischen Anfall in ein

Dauerkoma gefallen wäre. Aber er hält sich wacker. Sein Mini-Schwänzchen rotiert wie ein Ventilator, während ich auf meinem Hintern zu ihm hopse, und seine fleischige, rosa Zunge hängt fast bis auf den Boden.

„Guter Radames, braver Hund", nuschle ich durch den Knebel hinweg lobend, als ich endlich vor ihm liege. Ich kehre ihm den Rücken zu.

„Leckerli, mjam, mjam", ermutige ich ihn.

Er schleckt mir die Hände. Hingebungsvoll und sabberig.

Wenn ich nur wüsste, wie ich ihm zu verstehen geben soll, dass er die Fesseln aufbeißen muss. Zuhause hätte ich mir von Yves Gänseleberpastete darauf schmieren lassen können – Problem gelöst. Aber hier? Hätte ich mit Radames mehr als nur die Basisausbildung für Welpen in der Hundeschule besuchen sollen? Allerdings bin ich mir fast sicher, dass ‚Fesseln aufbeißen' auch in der Hundeschule für Fortgeschrittene nicht vorkommt.

„Grrrr", knurre ich, um die dunkle Seite der Macht in ihm wachzurufen. Er kriegt es aber nur mit der Angst zu tun und legt sich wimmernd ab, also höre ich mit dem Knurren wieder auf.

Die Navy Seals von gestern hätten in so einer Situation einfach die gefesselten Hände über ihren Po und ihre Beine geschoben, bis die Arme nach vorn zeigen und sie die Fesseln an einer Tischkante durchrubbeln können. Die Navy Seals haben aber auch nicht meine Hüften.

Nein.

Es ist hoffnungslos.

Im Grunde bin ich schon tot.

Wieder mal.

Was würde die Callas tun?

Maria Callas hätte sich gar nicht erst niederschlagen lassen!

Während ich auf die Rückkehr des Mörders warte, der bestimmt in diesem Moment zu Hause sein Häutungs-Set an einem Wetzstein schärft, schießen mir die abwegigsten Gedanken durch den Kopf.

Ich hätte ein Testament machen sollen. Wer wird sich jetzt um Radames kümmern? Sollte mein Kleiner zu Yves kommen, der nicht mit ihm Gassi geht, wenn er emotional drauf ist, dann wird ihm die Blase platzen, und er stirbt an Nierenversagen. Bei Bröcki hätte er es besser. Ich hätte das regeln sollen. Falls ich das hier wider Erwarten überlebe, werde ich sofort beim Notar anrufen.

Und wie wird mich die Nachwelt in Erinnerung behalten? Die letzten Schlagzeilen, für die ich gesorgt habe, drehten sich nicht um einen grandiosen Auftritt mit Standing Ovations, sondern um die Schlammschlachttrennung in New York. Von nun an werde ich ausschließlich für meinen Beruf leben!

Die letzten Fotos von mir werden die Handyaufnahmen der Touristen sein, wie ich völlig aufgelöst und wasserspuckend am Ufer der Salzach liege. Aus unschmeichelhafter Perspektive geschossen. Wie ein gestrandeter Wal.

Wal.

Walknochen.

Reifrock!

Mühsam richte ich mich auf. Wo ist er? Wo ist dieser unsägliche Reifrock, in den ich mich für meine

Rolle als Konstanze zwängen musste? Der – laut Gisbert – nicht aus Walknochen gefertigt ist, sondern aus Metallstäben?!

Natürlich ... ganz am anderen Ende des Saales. Aber ich robbe mit frisch erwachter Hoffnung einmal quer durch den Raum. Eine Seerobbe mit Aussicht auf einen Eimer Heringe hätte nicht schneller robben können, höchstens graziler.

Und dann habe ich es geschafft. Die Metallspitze, die sich mir so schmerzhaft in die Taille gebohrt hat, liegt immer noch frei. Fragen Sie nicht, wie lange ich brauche, um mich erst hinzuknien und dann tatsächlich in so etwas wie eine Vertikale zu erheben. Dabei reiße ich mir mein Tüll-Kleid an einem anderen spitzen Ende des Reifrocks auf. Das Teil ist hochgradig gefährlich, aber genau das brauche ich jetzt.

Ich schaffe es – unter signifikantem Blutverlust, wie ich anmerken möchte, weil ich ständig abrutsche und sich das Metall in meine Unterarme bohrt –, die Kordel so weit aufzurubbeln, dass ich mir die Handfessel abstreifen kann. Die Fußfessel ist daraufhin kein Problem mehr, und auch der Knebel verschwindet.

Als ich mich aufrichte, bleibe ich noch einmal mit dem Kleid hängen. Nach einem unschönen, finalen Reißgeräusch liegt der Tüll am Boden, und ich stehe in Unterwäsche da. Das ist mir aber vollkommen egal – solange nur Karl nie erfährt, was ich mit seiner Kreation angestellt habe. Sonst hetzt er Choupette auf mich. Ich bin nämlich Katzenallergikerin.

Allerdings sollte ich mir für meine Flucht aus dem Gebäude etwas überziehen. Ich trage zwar wieder die guten Dessous, aber ich will verdammt sein, wenn ich in Unterwäsche aus dem Haus gehe! Lieber tot als entehrt.

Aber – hurra! – ich befinde mich ja in einem Saal voller Kostüme.

Jedoch voller Kostüme in Größe 34, der Einheitsgröße für weibliche Bühnenschaffende. In die kann ich allenfalls mein linkes Bein zwängen. Und auch nur, wenn ich die Luft anhalte und keinen Wert auf eine anhaltende Blutzirkulation lege.

Harry Cho hatte meine Größe, aber sein Kostüm sehe ich nirgends.

Als ich an der Kleiderstange mit den Tierkostümen vorbeikomme, stutze ich. Etwas flauschig Weißes scheint mir förmlich zuzublinzeln. Ich ziehe es heraus und sehe auf einen Blick, dass ich hineinpassen werde. Es bleibt sogar noch Luft.

Gedacht, getan.

Gleich darauf drehe ich mich kokett vor dem barocken Ganzkörperspiegel, der an einer der Säulen lehnt.

Es ist allerdings nicht, wie ich im ersten Moment vermutete, ein Bärenkostüm aus der *Verkauften Braut*, nein, es ist ein Osterhasenkostüm. Fragen Sie mich nicht, aus welcher Oper.

Radames kläfft wie ein Verrückter. Der langen Liste seiner Ängste muss ich ab sofort wohl auch noch eine Osterhasenphobie hinzufügen.

„Ich weiß nicht, was du hast", sage ich zu ihm, „ich sehe doch allerliebst aus." Ich schiebe die obere Zahnreihe über meine Unterlippe und mache möhrenknabbernde Bewegungen.

„Ja wirklich, sehr herzig", bestätigt eine Stimme hinter mir.

Ich wirble herum.

Man könnte meinen, es sollte für mich kein Problem sein, ihn zu überwältigen – er ist viel fragiler als ich, auch einen halben Kopf kleiner. Und bestimmt hätte ich mich auch furchtlos auf ihn geworfen, wenn er keinen Revolver in der Hand gehalten hätte.

Radames bellt immer noch.

„Bring deinen Köter zum Schweigen, sonst mache ich das", droht mir der falsche Bassa Selim, immer noch Turban-vermummt. Wieso duzt der mich?

„Ist der echt?", frage ich mit Blick auf den Revolver. Meine Skepsis ist angesichts des Ortes, an dem wir uns befinden, nicht unbegründet.

Er richtet die Waffe auf Radames. „Willst du eine Demonstration?"

„NEIN!", gelle ich. „AUS, Radames!"

Radames trippelt ein paar Schritte zurück und verstummt. Da er mir sonst nie gehorcht, muss es wohl daran liegen, dass er die Brisanz des Augenblicks spürt.

„Schon besser." Die irren Augen flackern.

„Wer sind Sie?", hauche ich.

Mit der freien Hand zieht er sich langsam, ganz langsam, den Turban vom Kopf.

Es ist ...

... Wolfgang Strasser, der echte Bassa Selim. Der Mann, um dessen Leben ich vor kurzem noch gefürchtet habe. Der Schauspieler.

„Wolfgang?" Ich bin völlig perplex.

„Nein, nicht Wolfgang!" Er spuckt die Worte förmlich aus. „Nicht einmal jetzt erkennst du mich? Nicht einmal jetzt?" Man spürt deutlich, wie wütend ihn das macht. Der Finger am Abzug zuckt.

„Doch ...äh ... natürlich!" Der Teil meines Gehirns, der für Gesichtserkennungsmuster zuständig ist, rotiert fieberhaft, findet aber nichts.

„Lüg nicht!", brüllt er, und ich kann nur hoffen, dass er seinen Zeigefinger auch im Erregungszustand unter Kontrolle hat. „Keiner von euch hat mich wiedererkannt. Ihr erbärmlichen Schweine! Wegen euch habe ich alles verloren, und ihr vergesst mich einfach!"

„Wir kennen uns wirklich? Echt jetzt?" Das ist, wie sich herausstellt, nicht die richtige Reaktion.

Er schlägt mich ins Gesicht. Mit dem Lauf der Waffe. Ich beiße mir schmerzhaft auf die Zunge, die daraufhin sofort anschwillt. Aber immerhin hat er mich nicht einfach erschossen.

„Wolfgang Strasser ist ein Pseudonym. Mein Künstlername als Mime. In Wirklichkeit heiße ich Armin. Armin Fenderich. Wir waren zusammen an der Akademie! Ich war Tenor! Dämmert es dir jetzt?"

Grundgütiger.

Das will erstmal verdaut werden.

Armin. Armin. Armin.

*Also ... beim besten Willen ...* Das sage ich aber diesmal nicht laut. Ich bin ja lernfähig. Außerdem spüre ich, wie meine Zunge immer dicker wird. Meine letzten Worte sollen nicht gelispelt sein.

„Kommt die Erinnerung langsam zurück?" Wolfgang-alias-Armin verzieht verächtlich das Gesicht. „Vor fünfzehn Jahren in New York – ein fulminanter Liederabend zum Abschluss unserer Ausbildung. Die schönsten Arien aus drei Jahrhunderten, mit den Stimmen der Zukunft. So stand es auf dem Plakat. Wir haben zusammen gesungen!"

Er hält mir ein Foto vor die Nase. Viel zu nah, als dass ich etwas erkennen könnte. Aber ich nehme an, es ist dasselbe Foto, das mir Kommissar Pittertatscher gezeigt hat – einer der Köpfe im Hintergrund des Fotos muss Wolfgang-Armin gehört haben. „Verwackelt und unscharf, aber dennoch zu erkennen: Branwen und schräg dahinter ich, dann du, James, Harry und Mads."

Ich nicke, als ob die Erinnerung zurückkäme. Kommt sie aber nicht. Und von diesem *ich*, auf das er mit dem Lauf deutet, sieht man nur die Hälfte, und diese Hälfte schaut ihm noch dazu überhaupt nicht ähnlich.

„Du hast dich sehr verändert", lisple ich. Die Zeit, Wörter ohne s zu suchen, habe ich nicht.

„Das macht die Zeit mit einem, dem die Schicksalsgötter nicht so hold waren wie dir und der Botox-Branwen. Ja, schau mich nur an. So sieht das Gesicht eines Mannes aus, der alles verloren hat!" Er kommt näher. Zu nahe. Warum schließen die Kurzsichtigen immer von sich auf andere? Und außerdem halte ich es für keck, diese radikale Veränderung allein dem Zahn der Zeit zuzuschreiben, der wuchernde Vollbart trägt nämlich auch seinen Teil zur Unkenntlichmachung bei.

Okay, dumpf meine ich mich zu erinnern, dass wir an jenem Abend zu sechst aufgetreten sind, aber es ist alles so lange her, und mir ist vor allem mein erster großer Triumph in Erinnerung: Applaus, Blumen, noch mehr Applaus, anschließende Trink-Exzesse mit billigem Supermarktschaumwein in der Gemeinschaftsgarderobe. War er da wirklich dabei?

„Was ist passiert?", will ich wissen. Zunehmend stärker lispelnd. Gibt es überhaupt Wörter ohne s? Meine Zunge liegt mittlerweile wie ein fetter Fremdkörper in der Mundhöhle. Aber ich muss reden, muss Zeit schinden.

„Mir ist damals eine Kapillare auf der Stimmlippe geplatzt, ganz kurz vor Konzertbeginn. Ihr habt mir zugeredet, dass ich trotzdem singen soll. Es gäbe doch viele Sänger, denen mal die Kapillaren platzen! Ich könne mich ja hinterher schonen. An diesem Abend stehe doch zu viel auf dem Spiel. Unsere Zukunft würde entschieden." Seine Augen werden wässrig. „Also habe ich auf euch gehört und gesungen. Natürlich war ich schlecht bei Stimme. Ihr alle habt einen Wahnsinnsapplaus bekommen, bei euch allen haben die Leute eine Zugabe erklatscht, nur bei mir nicht. Sechs Sänger, aber nur fünf Zugaben! Und keiner hat dem Publikum und den anwesenden Kritikern erklärt, warum ich so abgestunken bin. Keiner von euch hat auch nur ein Wort darüber verloren." Ihm stockt die Stimme. Er wendet sich ab. Vermutlich atmet er gerade tief durch und praktiziert progressive Muskelentspannung – das lernen Sänger als Methode gegen Lampenfieber und andere Panikattacken.

„Das geplatzte Blutgefäß, das war keine Lappalie", fährt er nach einer Weile fort und dreht sich wieder zu mir. „Bei mir sind die Kapillaren genau in der Mitte geplatzt, da, wo die Stimmbänder schließen müssen. Es ist zu einer Einblutung ins Gewebe gekommen, verstehst du! Der Spezialist am Mount Sinai hat gemeint, ich würde vermutlich wieder singen können, es dauere nur seine Zeit. Aber ich konnte nie wieder singen! Nie wieder! Hörst du, nie wieder!" Eine Träne kullert über seine Wange.

Offen gestanden steigen mir auch die Tränen in die Augen. Die Vorstellung, nie wieder singen zu können, ist die Hölle.

Wolfgang-Schrägstrich-Armin nimmt die Schultern zurück und reckt das Kinn nach oben. Fast trotzig. „Ich bin dann zurück nach Europa, habe mir einen anderen Namen zugelegt und bin Schauspieler geworden."

Das ist meine Chance! „Und was für ein erfolgreicher!", werfe ich ein, in der Hoffnung, seine Aufmerksamkeit auf das Positive zu lenken. Rasch versuche ich, mich an das zu erinnern, was in der Vorstellungsrunde vor der ersten gemeinsamen Probe über ihn erzählt wurde. „Du hast an der Burg gespielt, warst als *Tatort*-Kommissar im Fernsehen ..." Oder trat er am Thalia-Theater auf und gehörte zur Crew vom *Traumschiff*? Mist, ich kann mich nicht erinnern.

„Halt den Mund!", herrscht er mich an. „Ich wollte immer nur Opernsänger werden. Nichts anderes. Das habt *ihr* mir genommen."

Ich möchte einwerfen, dass wir damals jung und naiv waren, dass wir ihm nur einen vielleicht voreiligen, unklugen Rat gegeben haben – aber wir haben ihn ja nicht gezwungen zu singen. Und wenn er schon auf jemand sauer sein will, dann doch wohl auf die Veranstalter von damals, die ihn nicht vom Auftritt abgehalten haben, und nicht auf seine Mitschüler, die hinterher als Sänger erfolgreicher wurden als er.

„Luigi und ich wohnen im selben Wiener Bezirk. Als er mir beim Heurigen erzählt hat, dass er dich und Jimmy für seine *Entführung* verpflichten wollte, und gefragt hat, ob ich nicht die Sprechrolle übernehmen möchte, habe ich ihm Mads, Branwen und Harry ans Herz gelegt. Dass diese Besetzung geklappt hat, war für mich ein Zeichen. Endlich sollte ich meine Rache bekommen."

Wofür? Für die entgangene Zugabe? Hallo? Deswegen mussten meine Kollegen sterben? Sie sind im übertragenen Sinne quasi zu Tode geklatscht worden?

„Hör mal, Wolfgang ..."

„ARMIN! Ich heiße Armin! Verdammt! ARMIN!", schreit er, völlig außer sich.

Und schießt.

Daneben.

Es gehört schon viel dazu, mich – noch dazu auf diese kurze Distanz – zu verfehlen. Womöglich ist der Revolver nicht ordentlich austariert. Aber ich warte nicht ab, bis ‚Armin' den Fehler korrigiert.

Ich laufe los.

Eins habe ich im Mathe-Unterricht gelernt: Geht es zu einfach, ist es falsch!

Folglich laufe ich in die falsche Richtung. Zudem hat das Osterhasenkostüm keine Gummi-Sohlen, sondern ist ein Rundum-Webpelz-Teil.

Webpelz auf Parkett ist nicht rutschfest. Ich komme also nicht weit. Keine drei Schritte später knalle ich volle Pulle auf den Boden und rutsche gegen eine Papp-Säule, die sich erst langsam, dann schneller senkt und in einem 1A-Dominoeffekt alle anderen Papp-Säulen im Raum zum Umstürzen bringt.

Radames kläfft wieder wie besessen.

Wolfgang – pardon: Armin – marschiert mit eisigem Blick auf mich zu und richtet die Waffe auf meine Osterhasenbrust.

„Heute keine Zugabe für die Millerin", zischt er mit einem gleichermaßen irren und triumphalen Grinsen im Gesicht, und ...

... fliegt urplötzlich mit Schmackes nach hinten gegen den barocken Ganzkörperspiegel, der unter dem Aufprall in tausend Scherben zerbirst.

Jetzt erst höre ich den Knall.

Wir lernen: Licht ist schneller als Schall.

Radames verstummt, weil eingeschlafen. Laute Geräusche sind ein Trigger für seine Narkolepsie-Anfälle.

Die Stille des Todes legt sich über den Saal.

Ich schaue über meine Schulter und sehe Kommissar Pittertatscher, gewissermaßen mit rauchendem Colt. Und sehr zufriedenem Lächeln im Gesicht. Dürfen die in Österreich überhaupt Waffen tragen?

Er kommt zu mir und kniet sich neben mich. „Soweit alles in Ordnung?", fragt er.

Ich kann nur stumm nicken.

Dann schwinden mir die Sinne.

**Wer besser singt, ist früher tot**

Eine rosa Hundezunge schleckt mich wach.

Nach kurzer Orientierungsphase ist mir klar, wo ich bin und was gerade passiert ist. Ich setze mich auf und presse das züngelnde Hundetier an meine flauschige Osterhasenbrust. Mir ist unbegreiflich, wie Menschen ohne Hund große Krisen überstehen.

„Lebt er noch?", erkundige ich mich bei Pittertatscher, der die Stoffbahn angehoben hat, unter der Gisbert liegt, und jetzt am blutverschmierten Hals nach dem Puls fühlt.

Der Kommissar verzieht skeptisch sein Gesicht. Er klappt sein Uralt-Handy auf, drückt einen Kurzwahlknopf und brummt etwas, das ich nicht verstehen kann, weil inmitten des Scherbenhaufens ein anscheinend unkaputtbarer Mime quäkt: „Es ist noch nicht vorbei! Ich bin noch nicht tot! Der Tag der Rache wird kommen!"

Ich zucke erschrocken zusammen, aber Armin Dingelskirchen – seinen Nachnamen habe ich schon wieder vergessen – rührt sich nicht vom Fleck, er atmet nur schwer und stößt Verwünschungen aus. Während ich weggetreten war, hat Pittertatscher ihm Handschellen angelegt.

„Ich dachte, der ist tot", murmle ich.

„Glatter Schulterdurchschuss", erklärt Pittertatscher. „Der kommt durch."

„Ich werde Vergeltung üben für das, was man mir angetan hat!", droht Armin. „Meiner Rache entkommt ihr nicht!" Dummes Gerede. Immerhin hat er während des ganzen Showdowns kein einziges Mal erwähnt, dass er mit Spielberg gedreht hat.

„Kann man dem nicht das Maul stopfen?", frage ich. Lispelnd, wie ich an meinem ersten s-Wort seit dem Aufwachen merke.

„Das würde leider unter Misshandlung fallen." Pittertatscher zuckt mit den Schultern. „Aber die Kollegen sind gleich da und nehmen ihn mit."

Radames hat sich müde geschleckt. Ich küsse seine wulstige Terrierstirn.

„Danke", sage ich zu Pittertatscher. Mit Inbrunst.

Er lächelt. „Gern geschehen."

„Ich dachte, Sie sind unterwegs und haben sich an die Fersen der Dirigentin geheftet. Die ist doch untergetaucht."

„Äh ...", es ist ihm sichtlich peinlich, „... sie hat sich aus Trauer über den Verlust von James O'Shay bei einer alten Schulfreundin in Fuschl die Kante gegeben. Ihr Handy war ausgeschaltet, deswegen konnten wir sie nicht orten. Und sie hat niemandem Bescheid gesagt."

„Sie ist also nicht untergetaucht, sondern hat nur einen Tag lang ihren Kater kuriert." Ich nicke. „Hab ich doch gleich gesagt, dass die Loiblsberger es nicht war."

Pittertatscher grummelt in sich hinein.

„Rache ist süß!", krakeelt Armin. „Und die Rache ist mein!" Als ob er auf Droge wäre. Das muss der Wahnsinn sein.

„Oh Gott!", ruft es da von der Tür her. Es ist Bröcki.

Ich kann gar nicht beschreiben, was für ein Stein mir bei ihrem Anblick vom Herzen fällt. Sie ist mein Fels in der Brandung. „Bröcki", hauche ich und strecke meinen freien Arm aus.

Bröcki kommt auf mich zugelaufen und ...

... läuft an mir vorbei zu Pittertatscher.

*Hä? Wie jetzt?*

„Sie sind ja ganz voller Blut!" Sie starrt zu seiner Brust hoch. An der hat er unwillkürlich die Hand abgewischt, die eben noch an Gisberts blutigem Hals nach dem Puls getastet hat, folglich wirkt es so, als habe ihn ein verrückter Messerstecher filetieren wollen. Flächendeckendes Rot. „Sie müssen sich hinlegen, Herr Pittertatscher", verlangt Bröcki. „Alles wird wieder gut!" Sie klingt nicht so, als ob sie das glauben würde.

„Nennen Sie mich Laurenz. Und ... das ist nicht mein Blut, keine Sorge", beruhigt sie der Kommissar, der sich vor sie hingekniet hat, um auf Augenhöhe zu sein. Er spricht in einem samtigen, besänftigenden Ton, den er mir nicht hat angedeihen lassen, obwohl ich schon so gut wie tot war. „Frau Miller geht es auch gut", sagt er noch und nimmt ihre Hand.

„Wem?", fragt Bröcki verträumt.

*Na warte, das wird ein Nachspiel haben!*

„Ich werde Gleiches mit Gleichem vergelten. Ihr werdet alle sterben, hört ihr!" Unserem Freund Armin geht die nicht Luft aus. Daran erkennt man den professionellen Schauspieler.

Von draußen nähern sich Schritte, vier Streifenbeamte und zwei Rettungssanitäter kommen angelaufen.

„Erst er da drüben, dann sie hier vorn", kommandiert Pittertatscher.

„Nein, nein, das ist nicht nötig, mir geht's bestens, lisple ich.

„Der Streifschuss muss versorgt werden", meint Pittertatscher. „Besser kein Risiko eingehen."

„Was für ein Streifschuss?"

„Sie glauben doch nicht wirklich, dass er auf diese kurze Entfernung danebengeschossen hat?"

Ich schaue an meinem Osterhasenkostüm herunter. Ganz weiß, mit einem roten Fleck – am rechten Oberarm. Einem Fleck, der sich stetig vergrößert.

Ich schaue wieder auf, schlucke noch einmal schwer und verliere das Bewusstsein. Und nur für die Akten: Ich bin kein Weichei, das ständig in Ohnmacht fällt. Ich habe momentan nur etwas weniger Blut im Gehirn, weil es im Magen zur Mozartkugelverdauung gebraucht wird.

Jawohl!

## Epilog

Eine Schokoholikerin, ein Kastrat und ein Osterhase betreten eine Bar ...[1]

---

[1] siehe Ouvertüre

## Danksagungen

Mein Dank gilt dem harten Kern der Opern-Muske-
tiere: Susann und Karl-Heinz! Und natürlich Joyce
DiDonato und Georg Nigl.

Patrick Stewart (@SirPatStew)
Why not play a little Mozart today? Even ten minutes
will make it a better day.

*Gar nichts erlebt. Auch schön.*
Wolfgang Amadeus Mozart,
Tagebucheintrag vom 13. Juli 1770

## Ach ja ... das Nachspiel

Wolfgang Strasser alias Armin Fenderich wurde wegen dreifachen Mordes, zweifachen versuchten Mordes und schwerer Körperverletzung zu lebenslanger Haft mit anschließender Sicherheitsverwahrung verurteilt. Er schreibt derzeit an seiner Autobiografie.

Luigi Pescarelli und Gisbert Weiß trennten sich im Folgejahr. Luigi ist dem Orden der Dominikaner beigetreten. Gisbert hat man seitdem mehrmals in Begleitung von George Michael gesehen.

Marianne Loiblsberger wurde nicht die erste weibliche Chefdirigentin der Berliner Philharmoniker. *Shit happens.*

Auf der New Yorker Gedenkfeier für James O'Shay, Mads Staun und Harry Cho verliebten sich der Bruder von Harry Cho (Witwer, sechs Söhne) und die Witwe von Mads Staun (sechs Töchter) ineinander und heirateten nach kurzer, intensiver Werbephase. Sie planen eine dänisch-koreanische Dokusoap über ihren Alltag, gewissermaßen die exponentielle Steigerung der amerikanischen Familienserie *Drei Mädchen und drei Jungen*, mit dem Titel *Chaos pur: Sechs Buben und sechs Mädels.*

Marie-Luise Bröckinger und Laurenz Pittertatscher haben sich zu Silvester verlobt.

Branwen Lloyd brauchte mehrere Monate, um sich zu erholen, und musste daher alle Engagements absagen. Sie arbeitet derzeit ausschließlich als Gesangslehrerin. Um ja kein Risiko einzugehen, doch als Jungfrau zu sterben, hat sie sich noch während ihrer Rekonvaleszenz von einem Assistenzarzt aus Nigeria deflorieren lassen. Gerüchteweise soll sie Geschmack daran gefunden haben.

Yves DuBois blieb als Sekretär bei Pauline. Das Ergebnis des Schwangerschaftstests von Lilli Höldt, der Salzburger Nachbarin aus dem ersten Stock, steht noch aus.

Radames ist wegen seiner Narkolepsie, verbunden mit diversen Angststörungen, seit kurzem in therapeutischer Behandlung bei einem Hundepsychiater.

Pauline Miller trat nach kurzer Pause wie geplant bei den Herbstfestspielen im Festspielhaus Baden-Baden auf und wurde furios gefeiert. Sie ist auch weiterhin eigensinnig, schokoholisch, streitbar und trotzdem liebenswert, immer wieder frisch verliebt (oder entliebt) und definitiv neugierig auf das Leben und neue Abenteuer.

**Inhalt**

Ouvertüre   7

Erster Aufzug   9
    Singt er noch oder stirbt er schon?   11
    do-re-mi-fa-so-la-ti-tot!   25
    Aus die Maus!   38
Zweiter Aufzug   45
    Tötet Mozart!   47
    Schafskopf in Aspik   54
    Die Lady summt den Blues   74
    Tot, töter, Tenor   93
    Das Leben ist kein Wunschkonzert   116
    Stirb nicht als Jungfrau in Salzburg!   141
    Eine kleine Mordmusik   157
    Mitgesungen, mitgestorben   169
    Das Mozartkugelmassaker   200
Dritter Aufzug   211
    Was will die Sopranistin mit dem Hackebeil?   213
    Die Primadonna im Fleischwolf   223
    Wer besser singt, ist früher tot   238

    Epilog   242
    Danksagungen   243
    Ach ja ... das Nachspiel   245

**Pauline Miller ermittelt weiter!**

Begleiten Sie Pauline Miller auch bei ihren zukünftigen Engagements! Für nächstes Jahr liegt bereits eine Einladung zu den Bregenzer Festspielen vor, und für das Jahr darauf steht Bröcki in Verhandlung mit dem Management der Bayreuther Festspiele ...

**Pauline Miller auf Facebook:** ⬛ **Pauline Miller**